dtv

Magie, Freimaurerei, Gotteslästerung und Unzucht – dies waren die Anklagepunkte, die Casanova 1755 in die Bleikammern von Venedig brachten. Fünf Jahre lautete das Urteil, doch bereits ein Jahr darauf gelang ihm die Flucht, von der er dreißig Jahre später in seinen Memoiren so wunderbar erzählt. Während dieser Bonvivant unablässig an seinen Fluchtplänen schmiedet, schreibt er mit spitzem Fingernagel und Brombeersaft ein gewitztes Epigramm, übersetzt eine Horaz-Ode oder kocht Makkaroni mit Butter und viel frischem Parmesan. Betrachtungen über Moral, Philosophie und die menschlichen Beziehungen im allgemeinen helfen ihm über Unbilden und Rückschläge hinweg. Daß er letztlich seinen Zellengenossen glauben macht, er sei ein Engel, ist untrügliches Zeichen seiner wahrhaft außergewöhnlichen Talente. Dabei beschränkt sich Casanovas kompromißlose Offenheit nicht nur auf seine erotischen Eskapaden.

Girolamo-Giacomo Casanova wurde am 2. April 1725 als Sohn eines Schauspieler-Ehepaares in Venedig geboren. 1755 zu fünfjähriger Haft verurteilt, gelang ihm 1756 die Flucht. Es folgten anderthalb Jahrzehnte Irrfahrten durch Europa. Nach seiner Begnadigung kehrte er 1774 in seine Vaterstadt zurück, mußte sie aber 1783 nach einem Skandal endgültig verlassen. Seinen Lebensabend verbrachte er als Bibliothekar in Böhmen, wo er am 4. Juni 1798 starb.

Giacomo Casanova

Meine Flucht aus den Bleikammern von Venedig

Die Geschichte meiner Flucht
aus dem Gefängnis der Republik Venedig,
den sogenannten Bleikammern,
niedergeschrieben in Dux in Böhmen
im Jahre 1787

Aus dem Französischen
von Ulrich Friedrich Müller
und Kristian Wachinger

Deutscher Taschenbuch Verlag

Vir fugiens denuo pugnabit.
Hor:

Mai 1998
Deutscher Taschenbuch Verlag GmbH & Co. KG,
München

Umschlagkonzept: Balk & Brumshagen
Umschlagbild: ›Riva degli Schiavoni‹ von Canaletto
Gesamtherstellung: C. H. Beck'sche Buchdruckerei,
Nördlingen
Gedruckt auf säurefreiem, chlorfrei gebleichtem Papier
Printed in Germany · ISBN 3-423-12543-8

VORWORT

Jean-Jacques Rousseau, der berühmte Ketzer, der beredte Schriftsteller, der Denker mit weitem philosophischen Blick, der sich gern als Menschenverächter gab und gern provozierte, schrieb ein einzigartiges Vorwort zu seiner *Nouvelle Héloïse*: er beschimpft darin den Leser, verstimmt ihn aber nicht. Da ein kleines Vorwort jedem Werk gut ansteht, schreibe ich auch eines; es ist aber vor allem, um Euch, geneigter Leser, mit mir bekannt zu machen und mich Eurer Zuneigung zu versichern; ich hoffe, Ihr werdet erkennen, daß ich weder mit meinem Stil noch mit den neuen und überraschenden Sittenbildern etwas bezwecke, wie es der eben erwähnte Autor tut, der nicht einfach schrieb, wie man spricht, und der, statt sich durchgängig für ein Denksystem zu entscheiden, Weisheiten aussprach, die aus der zufälligen Aneinanderreihung seiner lauwarmen Umschreibungen entstanden und nicht aus kühler Vernunft; seine Lehrsätze sind Widersprüchlichkeiten, die den Geist zum Niesen bringen sollen: sind sie einmal in den Prüftiegel der kritischen Betrachtung geraten, so lösen sie sich in Rauch auf. Macht Euch darauf gefaßt: in dieser Geschichte werdet Ihr nichts Neues finden als die Geschichte selbst, denn was die Philosophie angeht, so haben Sokrates, Horaz, Seneca, Boethius und einige andere bereits alles gesagt. Was wir noch bieten können, sind Beispiele; und man braucht keine große Begabung dazu, um sogar recht hübsche zu geben.

Ihr müßt mir Wohlwollen entgegenbringen, lieber Leser, denn einzig mit dem Ziel, Euch zu unterhalten, und in der Gewißheit, Euch zu gefallen, lege ich Euch ein Bekenntnis ab. Wenn eine solche Schrift nicht das ist, was man ein aufrichtiges Bekenntnis nennt, dann sollte man sie aus dem Fenster werfen, denn ein Autor, der sich selbst lobt, ist nicht wert, gelesen zu werden. Ich empfinde Reue und Scham, und mehr ist nicht nötig, um mein Bekenntnis vollständig zu machen. Aber denkt nicht, ich wäre zu verachten: ein offenes Bekenntnis macht nur den verächtlich, der es ohnehin schon ist; und der wäre schön dumm, sein Bekenntnis vor der Öffentlichkeit abzulegen, deren Wertschätzung jeder kluge Mensch erstreben muß. Ich bin also sicher, daß Ihr mich nicht verachten werdet. Ich habe nur Fehler gemacht, wo mich mein Herz getäuscht oder wo mich eine Maßlosigkeit des Geistes überwältigt hat, die erst das Alter bezähmen konnte; schon das genügt, mich erröten zu lassen. Das Ehrgefühl, das ich von denen gelernt habe, die mich leben gelehrt haben, war zwar nicht immer vor Schmähung sicher, doch es war stets mein Allerheiligstes. Nur darauf halte ich mir etwas zugute.

Zweiunddreißig Jahre nachdem sie sich abgespielt hat, entschließe ich mich, eine Geschichte zu Papier zu bringen, die mir im Alter von dreißig Jahren widerfuhr, *nel mezzo del cammin di nostra vita*. Der Grund für die Niederschrift ist der: ich will mir die Mühe ersparen, sie jedesmal von neuem zu erzählen, wenn verehrungswürdige und liebenswerte Menschen von mir verlangen oder mich bitten, daß ich ihnen dieses Vergnügen bereite. Hundertmal ist es mir so ergangen, daß mein Wohlbefinden nach dem Erzählen der Geschichte irgendwie gelitten hat, sei es wegen der starken Erinnerung an das traurige Abenteuer, sei es wegen der Überanstrengung meiner Organe durch die Bemühung, die Umstände bis in alle Einzelheiten zu schildern. Hundertmal habe ich mir vorgenommen, die Geschichte aufzuschreiben, immer standen mehrere Gründe im Wege; heute sind sie alle zurückgetreten hinter den Grund, der mich nun zur Feder greifen läßt.

Ich fühle, daß ich nicht mehr die Kraft habe, das Geschehnis erzählend vorzutragen, nicht einmal mehr die Kraft, den Neugierigen, die mich darum bitten, zu sagen, daß mir die Kraft fehlt. Lieber würde ich den schlimmen Folgen einer solchen Anstrengung erliegen als mich dem häßlichen Verdacht fehlender Gefälligkeit aussetzen. Darum folgt nun diese Geschichte, die ich bis heute *nisi amicis idque coactus* erzählt habe, da sie die Möglichkeit erhält, an die Öffentlichkeit zu gelangen. Sei's drum. Ich habe ein Alter erreicht, in dem ich meiner Gesundheit größere Opfer bringen muß. Um mündlich zu erzählen, braucht man eine gute Aussprache. Eine lockere Zunge allein genügt nicht, man muß Zähne haben, denn die Konsonanten, zu denen man sie braucht, machen mehr als ein Drittel des Alphabets aus, und ich habe unglücklicherweise bereits alle meine Zähne verloren. Beim Schreiben kann der Mensch auf sie verzichten, aber sie sind unerläßlich, wenn er sprechen, wenn er überzeugen will.

Es ist ein großes Unglück, den Verfall unserer Glieder und den Verlust dessen, was unsere Person zum Wohlbefinden braucht, zu überleben; Elend kann sich nur vom Fehlen des Notwendigen herleiten. Wenn einen freilich dieses Unglück im Alter ereilt, darf man sich nicht beklagen, denn: hat man uns auch die Möbel genommen, so hat man uns doch das Haus gelassen. Diejenigen, die wegen solchen Ungemaches Selbstmord begehen, befinden sich in einem Irrtum; denn wer sich das Leben nimmt, tilgt zwar gewiß sein Ungemach, doch ebenso gewiß entledigt er sich seiner nicht: indem er sich tötet, nimmt er sich ja auch die Möglichkeit, diese Wohltat wahrzunehmen. Der Mensch haßt das Ungemach nur deshalb, weil es dem Leben unbequem ist; hat er aber das Leben nicht mehr, kann ihn auch der Selbstmord von nichts mehr erlösen. *Debilem facito manu – Debilem pede, coxa – Lubricos quate dentes – Vita dum superest bene est.*

Wer gesagt hat, Kummer sei bedrückender als die größten Übel, die den Körper heimsuchen, hat eine schlechte Weisheit verbreitet; denn die Übel des Geistes greifen nur den Geist selber an, während die des Körpers diesen niederwerfen und jenen verzweifeln lassen. Der wirklich Weise, im Sinne von *sapiens*, ist immer und überall glücklicher als alle Könige der Erde, *nisi cum pituita molesta est.* Wir können nicht alt werden, ohne daß sich unsere Werkzeuge abstumpfen: ich glaube sogar, wir würden den Todesstoß sehr viel empfindlicher spüren, wenn nicht der natürliche Verschleiß sie beeinträchtigt hätte. Die Materie kann dem Zahn der Zeit nicht widerstehen, ohne ihre Form zu verlieren: *singula de nobis anni praedantur euntes.* Das Leben ist wie ein lockeres Mädchen, das wir lieben und dem wir letzten Endes alles erfüllen, was es von uns will, Hauptsache, es verläßt uns nicht. Wer meint, man müsse es verachten, der irrt; den Tod muß man verachten, nicht das Leben. Das ist nicht dasselbe, es sind zwei gänzlich verschiedene Auffassungen: liebe ich das Leben, so liebe ich mich selbst und hasse den Tod, weil er der Henker des Lebens ist. Der Weise sollte allerdings nur Verachtung für ihn empfinden, denn Haß ist ein Gefühl, das dem Wohlbefinden abträglich ist. Wer den Tod fürchtet, ist ein bißchen dumm, denn der Tod ist unentrinnbar; wer ihn herbeisehnt, ist ein Schwächling – es steht ja jedem frei, sich selber den Tod zu geben.

Bevor ich nun mit der Niederschrift der Geschichte meiner Flucht aus dem Staatsgefängnis der Republik Venedig, den sogenannten Bleikammern, beginne, glaube ich, meinem Leser noch eine Erklärung zu schulden zu etwas, das seine Kritik heraufbeschwören könnte. Die Leute haben es nicht gern, wenn Schriftsteller viel von sich selber reden, und in der Geschichte, die ich nun niederschreiben will, wird in jedem Augenblick von mir die Rede sein. Ich bitte den Leser, mir dies nachzusehen; ich versichere ihm, daß er kein Eigenlob zu lesen bekommen wird, denn inmitten meines ganzen Unglücks habe ich – Gott sei Dank – immer eingesehen, daß an erster Stelle ich selbst daran schuld war. Was meine nachdenklichen Abschweifungen und mehrere kleine Einzelheiten angeht, so lasse ich allen, die davon gelangweilt sind, die Freiheit, sie zu überspringen.

Jeder Schriftsteller, der diejenigen zum Denken bringen will, die lesen, um sich der Versuchung zum Denken zu entziehen, ist ungezogen. Ich erkläre hiermit, daß ich stets nur geschrieben habe nach dem Grundsatz, die reine Wahrheit und nichts als die Wahrheit zu schreiben, und daß ich der Meinung war, ich würde die Leser betrügen, wenn ich die geringste Kleinigkeit fortließe, die mit der Sache zu tun hat. Entschließt man sich, ein Geschehnis schriftlich darzulegen und sich damit zu ersparen, es mündlich zu erzählen, so muß man es, wie mir scheint, genau und vollständig wiedergeben. Ich muß hinzufügen, daß – ebenso wie es mir unangenehm wäre, wenn ich alle Umstände dieses Geschehnisses vorlesen müßte – es mir auch unangenehm und für befriedigendes Arbeiten hinderlich wäre, wenn jemand mich zwänge, auch nur die geringste Einzelheit, die mit meiner Geschichte zu tun hat, zu verschweigen. Um die Zustimmung aller zu gewinnen, glaubte ich mich mit allen meinen Schwächen zeigen zu müssen, so wie ich mich selber vorfand, als ich im Verlauf des Geschehens dazu kam, mich selbst kennen zu lernen: in meiner schrecklichen Lage erkannte ich meine Verirrungen, und ich fand heraus, inwiefern ich sie mir nachsehen konnte. Da ich die gleiche Nachsicht von meinen Lesern brauche, wollte ich ihnen auch nichts vorenthalten, denn mir ist eine Verurteilung, die sich auf Wahrheit gründet, viel lieber als ein günstiges Urteil, das auf Lügen beruht.

Wenn man irgendwo in meiner Geschichte einen bitteren Unterton gegenüber der Gewalt findet, die mich festhielt und dadurch sozusagen zwang, mich in die Gefahren zu begeben, die die Ausführung meines Vorhabens bedeutete, so erkläre ich hier, daß meine Klagen nur aus der unbeherrschten Natur gekommen sein können; denn in meinem Herzen oder Sinn ist keine Bitterkeit, die aus Haß oder Zorn entstanden sein könnte. Ich liebe mein Vaterland, und also auch die, die es regieren. Damals war mir meine Verhaftung nicht recht, weil mir die Natur das nicht erlaubte; heute jedoch heiße ich sie gut, zumindest wegen der Wirkung, die sie auf mich getan hat, und wegen der Zurechtweisung, die ich bei meinem Betragen nötig hatte. Allerdings verurteile ich das Verfahren und die Mittel. Hätte ich gewußt, was mir zur Last gelegt wurde und wie lange die Haft dauern sollte, die ich zur Sühnung benötigte, ich hätte mich nicht in die offenkundige Gefahr begeben, mein Leben zu verlieren. Was mich umgebracht hätte, wenn ich umgekommen wäre, wäre die Wirkung des Despotismus gewesen, der – bedenkt man seine unheilvollen Auswirkungen – von eben jenen abgeschafft gehört, die ihn ausüben.

ERSTER TEIL

Nachdem ich mein Studium abgeschlossen, nachdem ich in Rom den geistlichen Stand verlassen, den militärischen angenommen und in Korfu wieder aufgegeben hatte, nachdem ich den Advokatenberuf ergriffen und aus Abscheu wieder fallengelassen, nachdem ich mein ganzes Italien, beide Griechenländer, Kleinasien, Konstantinopel und die schönsten Städte Frankreichs und Deutschlands gesehen hatte, kehrte ich im Jahre 1753 in meine Vaterstadt zurück: einigermaßen gebildet, voller Selbstvertrauen, leichtsinnig, vergnügungssüchtig, jeder Voraussicht abhold; ich redete über alles drauflos, munter, dreist und handfest, im Kreise von Freunden meiner Clique, deren Bannerträger ich war; ich machte mich über alles lustig, was mir töricht erschien, Heiliges und Weltliches, nannte Vorurteil, was nicht schon den Wilden bekannt war, spielte mit hohen Einsätzen, unterschied nicht Nacht und Tag und achtete nur die Ehre, die ich ständig im Munde führte, freilich mehr aus Hochmut als aus Pflichtgefühl; ich war bereit, um die meine vor jedem Flecken zu bewahren, alle Gesetze zu übertreten, die mich hätten daran hindern können, Genugtuung, Entschädigung, Rache für alles zu erlangen, was nach Beleidigung oder Zudringlichkeit aussah. Ich trat niemandem zu nahe, störte den Frieden keiner Gesellschaft und mischte mich nicht in Staatsangelegenheiten oder private Auseinandersetzungen; das war auch schon alles, was ich mir zugute halten konnte, und es schien mir ausreichend, um gegen alles Unglück gefeit zu sein, das mich unverhofft einer der Freiheiten hätte berauben können, die ich für unantastbar hielt. Wenn ich zuweilen einen Blick auf mein Verhalten warf, befand ich es stets für untadelig; mein freizügiges Leben konnte mich ja höchstens an mir selber schuldig machen, und so war mein Gewissen von keinem Reuegefühl beschwert. Ich meinte, ich hätte keine Pflicht außer der, ein Mann von Ehre zu sein, und darauf war ich stolz. Da ich zum Unterhalt weder eine Stellung noch ein Amt brauchte, die meine Freiheit für einige Stunden hätten einschränken oder mich zwingen können, die Allgemeinheit durch geregelten und erbaulichen Lebenswandel zu beeindrucken, pries ich mich glücklich und machte getrost weiter.

Herr von Br..., ein höchst bedeutender Senator, hatte sich meiner angenommen; sein Geldbeutel war der meine; er liebte mein Herz, er liebte meinen Geist. Nachdem er in der Jugend ein großer Leichtfuß und Sklave aller Leidenschaften gewesen war, gebot ihm ein Schlaganfall das grausame Halt; er brachte ihn an den Rand des Grabes und zurück zur Vernunft. Als er wieder handlungsfähig war und hoffen durfte, bei rechter Lebensweise ein hohes Alter zu erreichen, fand er kein anderes Mittel als die Frömmigkeit; sie allein konnte ihm helfen, Laster durch tugendhafte Taten zu ersetzen. Er tat dies im besten Glauben, weil er in mir sein eigenes Abbild zu erkennen meinte und ich ihm leid tat; er sagte, ich triebe es so ungestüm, daß ich unfehlbar bald zur Vernunft kommen würde; in dieser Hoffnung hat er mich nie aufgegeben; er erwartete, daß der immer gleiche Ausgang meine Leidenschaften zum Abklingen bringen würde, aber er hat nicht lange genug gelebt, seine Wünsche erfüllt zu sehen. Er hielt mir ständig vortreffliche Moralpredigten, die ich mit Vergnügen, auch mit Bewunderung anhörte und denen ich auch nie auswich: das war alles, was er von mir verlangte. Er gab mir gute Ratschläge und Geld; was er mir vorenthielt, war, daß er ständig Gott anflehte, mir die Ungehörigkeit meines Verhaltens klarwerden zu lassen.

Im März 1755 nahm ich eine Wohnung im Haus einer Witwe an dem Kai, der in Venedig *Fondamenta Nuove* genannt wird, wobei ich Herrn von Br... versicherte, dieses neue Quartier sei für meine Gesundheit erforderlich, weil der Sommer vor der Tür stehe und ich zu den Zeiten großer Hitze, die man vor allem im Stadtinneren spürte, in einem der frischen Luft und dem kühlen Nordwind zugewandten Viertel leben müsse. Der edle Herr, der ja alles gut fand, was ich begehrte, billigte mein Vorhaben und war schon zufrieden, daß ich ihm versprach, jeden Tag zu ihm zum Abendessen zu kommen. Mein eigentlicher Grund zum Verlassen seines Palazzo war, daß ich in der Nachbarschaft eines Mädchens, das ich liebte, wohnen wollte. Die Einzelheiten der

Affäre haben nichts mit dieser Geschichte zu tun; deshalb erspare ich sie dem Leser.

Am 25. Juli verließ ich die *Erberia* eine Viertelstunde vor Sonnenaufgang, um schlafen zu gehen. Die *Erberia* ist eine Stelle am Kai des Canal Grande gleich bei der Rialtobrücke; sie heißt so, weil sich dort der Kräuter-, Obst- und Blumenmarkt befindet. Die Männer und die lockeren Damen, welche die Nacht bei den Genüssen der Tafel oder in der Erregung des Spiels zugebracht haben, spazieren dort oft noch ein wenig, bevor sie schlafen gehen. Diese Promenade zeigt, wie rasch sich der Charakter eines Volkes ändert. Die Venezianer von einst, geheimnistuerisch in Politik und Liebesabenteuern, sind heute von solchen verdrängt, denen vor allem daran gelegen ist, aus nichts mehr ein Geheimnis zu machen. Der Ort ist schön anzusehen, aber das ist wohl nur ein Vorwand. Man geht auf der *Erberia* mehr zum Gesehenwerden als zum Sehen, und den Frauen ist sie wichtiger als den Männern: die Welt soll wissen, daß sie sich nicht zieren; jede kokette Verstellung ist wegen des schäbigen Aufzugs unmöglich. Der Tag bricht an, aber alle tun, als nähmen sie das nicht wahr; für sie ist es das Ende des vorhergehenden, und jeder Mann, jede Frau muß am anderen die Anzeichen der Ausschweifung sehen: die Männer müssen den Überdruß an der allzu strapazierten eigenen Herrlichkeit zur Schau tragen, und die Frauen müssen eine unansehnlich gewordene Toilette vorführen, die keine Beachtung gefunden hat: jeder muß erschöpft wirken und zeigen, wie sehr es ihn ins Bett zieht. Ich versäumte diese Promenade nie; meist war ich nichts als ein bloßer Beobachter ihrer Gesetzmäßigkeiten.

Um diese Zeit mußten in meinem Haus eigentlich alle schlafen. Meine Überraschung war also nicht gering, als ich die Haustür offen fand, und sie verstärkte sich noch, als ich das Schloß herausgeschlagen sah. Ich gehe hinauf und stelle fest, daß die ganze Familie auf den Beinen und meine Wirtin ganz verzagt ist wegen einer außerordentlichen Haussuchung, bei der alles drunter und drüber geworfen worden war. Sie sagte mir völlig verstört, eine Stunde vor Tagesanbruch habe der *Messer grande* (das ist der Titel des obersten Büttels der Republik) die Haustür eingeschlagen, sei mit seinem Trupp heraufgekommen und habe im ganzen Haus die peinlichste Durchsuchung vorgenommen, und zwar auch in meiner Wohnung, wo er alle Ecken untersucht habe. Nach all seinen vergeblichen Bemühungen habe er gesagt, es sei gestern morgen bei ihr ein großer Koffer abgeladen worden, und er wisse, dieser Koffer sei voll Salz. Sie habe ihn ihm daraufhin gezeigt, nicht mit Salz, sondern mit Kleidern vom Grafen *Securo* gefüllt, einem Freund des Hauses, der ihn vom Lande geschickt hatte. Der *Messer grande* sei gegangen, nachdem er das gesehen hatte. Ich versprach meiner Wirtin, ich würde ihr die glänzendste Genugtuung verschaffen, und ging ohne die mindeste Beunruhigung zu Bett.

Gegen Mittag stand ich auf, um bei Herrn von Br... zu speisen; ich berichtete ihm den Vorfall und stellte die Notwendigkeit dar, eine angemessene Genugtuung für die Frau zu erwirken, weil die Gesetze jedem Haus, in dem kein Verbrechen begangen wurde, Ruhe und Frieden zusicherten. Ich sagte, zumindest müsse der unbesonnene Minister seinen Posten verlieren. Der weise alte Mann hörte mir sehr aufmerksam zu und sagte dann, er werde mir nach dem Essen eine Antwort geben. Wir verbrachten zwei Stunden höchst angeregt mit zwei anderen Adeligen, die, obwohl jünger, ebenso brav und fromm waren wie er; beide waren gute Freunde von mir und dachten ebenso über mich wie er. Die enge Verbindung dieser drei achtbaren Personen mit mir war Anlaß zur Verwunderung für alle, die sie beobachteten; man sprach davon als von etwas Seltsamen, dessen Ursache mysteriös sein müsse, denn man konnte einfach nicht begreifen, wieso der Charakter der drei mit dem meinen zusammenpasse: sie ganz Ewigkeit und Tugend, ich ganz Welt und Laster. Böse Zungen erfanden schändliche Erklärungen; es könne, hieß es, nicht mit rechten Dingen zugehen. Üble Nachrede mischte sich hinein: es mußte ein Geheimnis dahinter stecken, das es zu lüften galt. Zwanzig Jahre später habe ich erfahren, daß man uns beobachten ließ und daß die tüchtigsten Spitzel vom Gericht der Staatsinquisitoren den Auftrag hatten, den verborgenen Grund für diese unbegreifliche, empörende Verbindung herauszufinden. Ich dagegen, von meiner Unschuld überzeugt, mißtraute niemandem und führte mein Leben denkbar zuversichtlich weiter.

Herr von Br... sagte mir gleich nach dem Essen, nur im Beisein der beiden Adeligen, ruhig und entschieden, ich dürfe nicht auf Rache für die meiner Wirtin zugefügte Beleidigung sinnen, sondern müsse zusehen, mich an einen sicheren Ort zu verfügen. Er sagte mir, der Koffer voll Salz sei ein vom *Messer grande* erfundenes Schmuggelgut; der habe es nur auf mich abgesehen. Gewiß, er spreche nur eine Vermutung aus, aber da er selber dem Gericht angehört habe, erkenne er die Art und Weise der seinerzeit von ihm angeordneten Verhaftungen wieder. Er sagte, er habe deshalb seine Gondel mit vier Rudern ausrüsten lassen, und ich müsse damit unverzüglich nach Fusina abreisen, um dort die Post nach Florenz zu nehmen, wo ich bleiben solle, bis er mir schriebe, ich könne zurückkehren. Am Ende seiner klugen Rede gab er mir eine Rolle mit hundert Zechinen. Voller Achtung und Dankbarkeit erwiderte ich, ich bäte ihn tausendmal um Verzeihung, wenn ich seinem Rat nicht nachkäme. Da ich mich nicht schuldig fühle, könne ich vor der Gerechtigkeit des Gerichts keine Furcht empfinden. Er sagte, ein Gericht wie dieses könne mehr wissen als ich und Verbrechen an mir finden, an denen ich mich vielleicht unschuldig glaubte; vorläufig sei es für mich am sichersten, die hundert Zechinen anzunehmen zu verschwinden. Ich entgegnete, kein Mensch könne ein Verbrecher sein, ohne es zu wissen, und ich würde mich an mir selber verfehlen, wenn ich durch meine Flucht den Staatsinquisitoren einen Hinweis auf irgendwelche Gewissensbisse gäbe, der sie nur in ihrer Meinung bestärken könne. Ich fügte hinzu, da das Schweigen die Seele des Hohen Magistrats sei, könne man nach meiner Abreise unmöglich herausbekommen, ob ich zu Recht geflohen sei, und ich könne den Entschluß nur fassen, wenn ich meiner Vaterstadt auf ewig Lebewohl sagte, weil nichts mir die Gewißheit geben würde, daß ich nach meiner Rückkehr ohne Furcht dort leben könne, ohne die selbe Furcht, die mich jetzt zum Weggehen bewegen würde. Indem ich das zu ihm sagte, umarmte ich ihn; das angebotene Geld mochte ich nicht annehmen, und ich bat ihn inständig, nicht durch seine Besorgnis meinen Seelenfrieden zu stören. *Tu mir wenigstens den Gefallen*, sagte er, *heute nacht nicht in deiner Bude zu schlafen.* Auch darauf ließ ich mich nicht ein – zu Unrecht:

die Bitte kam von der Güte in Person, und aus einem denkbar leichtfertigen Grunde habe ich sie nicht beachtet. Es war der Tag des heiligen Jakob, meines Namenspatrons, und am Tag darauf war das Fest der heiligen Anna, so hieß das Mädchen, das ich zu der Zeit gerade liebte; ich hatte ihr geschrieben, wir wollten miteinander auf Castello essen gehen. Auch hatte mir an diesem Tag der Schneider einen Taftrock gebracht, dessen Borte in Silberspitze von meiner Schönen entworfen war. Ich fand nicht, daß ich dieses Stelldichein der weisen Vorsicht und liebevollen Fürsorge meines Wohltäters opfern sollte. Dabei war ich weder bösartig noch undankbar, sondern töricht und gelüstig auf das Vergnügen, das ich mir im voraus immer größer vorstellte. In diesem Alter ist eine solche Verabredung etwas sehr Wichtiges: *amare et sapere vix Deo conceditur* ist ein Satz, dessen Richtigkeit ich erst kürzlich wieder in Wien erfahren habe. Als ich mich von Herrn von Br... verabschiedete, sagte er lachend, wir würden uns vielleicht nie mehr sehen. Diese Worte machten mich stutzig, aber er selbst fürchtete wohl, zu viel gesagt zu haben, und nahm mir meine Überraschung, indem er als wahrer Stoiker sagte: *Geh, geh, mein Sohn, sequere Deum, fata viam inveniunt.* Tatsächlich habe ihn damals zum letzten Mal gesehen, obwohl er meine Flucht um zehn Jahre überlebt hat. Ich umarmte meine beiden anderen Freunde, die verdutzt dastanden, und da ich am anderen Morgen früh aufstehen mußte, kehrte ich um ein Uhr nachts in meine Wohnung zurück und ging gleich zu Bett.

Am 26. Juli 1755 trat bei Tagesanbruch der *Messer grande* in mein Schlafzimmer. Erwachen, ihn erblicken und seine Fragen hören, alles geschah im gleichen Augenblick. Er nannte meinen Namen und fragte mich, ob er sich nicht täusche; denn er hatte mich nie zuvor gesehen. Ich antwortete ihm, er täusche sich nicht. *Gebt mir,* sagte er, *alles, was Ihr Schriftliches habt, von eigener oder fremder Hand; zieht Euch an und kommt mit.* Ich fragte ihn, von wem er den Auftrag habe, und er entgegnete, er habe den Befehl des Gerichts. Daraufhin stimmte ich zu, daß er alle meine Papiere nahm und von zweien seiner Leute in einen Sack packen ließ, und kleidete mich an, ohne noch einmal den Mund aufzutun. Erstaunlich, daß ich mich rasierte, mich frisieren ließ, ein Spitzenhemd und meinen Ausgehfrack anlegte, nicht wie einer, der weiß, daß er ins Gefängnis soll, sondern wie man auf eine Hochzeit oder zu einem Ball geht; ich tat das ganz mechanisch, denn als ich es am Tag darauf bedachte, konnte ich mir selber nicht erklären, wie das geschehen war. Der *Messer grande* ließ mich meine ganze Toilette machen, ohne mich aus den Augen zu lassen. Als er sah, daß ich fertig war, erklärte er mir, ich müsse auch noch als Bücher gebundene Handschriften haben; die müsse ich ihm zur Verwahrung übergeben. Da meinte ich, doch noch ein wenig hinter die Sache zu kommen. Ich zeigte ihm einen Stapel gedruckter Bücher, auf denen vier solche Handschriftenbände lagen. Er nahm sie an sich, und dazu alle Druckwerke, die er auf meinem Nachttisch sah: Ariost, Petrarca, Horaz, einen Band der kleinen Schriften Plutarchs und einige französische Broschüren. Die Handschriften umfaßten angebliche Zauberbücher, die Clavicula Salomonis, Talismane, die Kabbala, das Ben Zechor, Picatrix, Duftrezepte und Beschwörungsformeln, um mit den Dämonen aller Klassen ins Gespräch zu kommen. Die Neugier hatte mich in den Besitz all dieser betörenden Dinge gelangen lassen, die mir überhaupt nicht wichtig waren; die Menschen, die wußten, daß ich so etwas besaß, glaubten nicht daran, und ich ließ sie denken, was sie wollten; ich hatte gar nichts dagegen, daß man meinte, ich hätte Interesse an Zauberei.

Zwei Monate vor diesem Ereignis hatte ich einen Venezianer, dessen eigentlicher Beruf Edelsteinfasser war, kennengelernt, der mir einen hübschen Brillantring preisgünstig zum Kauf anbot; bei einem Besuch in meiner Wohnung sah er die Zauberbücher. Zwei oder drei Wochen später kam er und sagte mir, einer, der nicht genannt sein wolle, würde mir tausend Dukaten dafür geben, wenn ich sie zu verkaufen bereit sei, wünsche sie aber vorher zu sehen. Der Vorschlag gefiel mir, und ich antwortete, es mache mir nichts aus, sie ihm für vierundzwanzig Stunden anzuvertrauen. Zwei Wochen später bat er mich um die Bücher und gab sie tags darauf zurück mit der Erklärung, der Betreffende halte sie nicht für echt. Acht Tage später wurde ich verhaftet. Da mich der *Messer grande* nach eben diesen Büchern fragte, ahnte ich einen Zusammenhang, konnte allerdings zu keinem Schluß kommen.

Später habe ich erfahren, daß dieser Venezianer ein Gerichtsspitzel war.

Beim Verlassen meines Zimmers erblickte ich zu meiner Überraschung dreißig bis vierzig Büttel: man hat mir die Ehre erwiesen, sie zu meiner Ergreifung für notwendig zu halten, obwohl zwei ausgereicht hätten nach dem Satz *ne Hercules quidem contra duos*. Seltsam, daß in London, wo doch jedermann mutig ist, immer nur ein Mann eingesetzt wird, um einen anderen zu verhaften, und in meiner Vaterstadt Venedig, wo die meisten feige sind, dreißig. Ich glaube, es liegt daran, daß ein auf Befehl angreifender Feigling immer mehr Angst hat als der Angegriffene, der bei einer solchen Gelegenheit mutig werden kann. Tatsächlich gibt es in Venedig viele, die sich bei der Verhaftung gewehrt und nur gegen die Macht der Überzahl aufgegeben haben.

Der *Messer grande* ließ mich in eine Gondel steigen, wo er sich neben mich setzte, nachdem er nur vier Mann bei sich behalten und alle übrigen fortgeschickt hatte. Die Gondel fuhr zu seinem Amtshaus. Er führte mich in ein Zimmer, bot mir Kaffee an, den ich ablehnte, und ließ mich dann allein. Fast vier Stunden habe ich dort in einem schweren, ziemlich ruhigen Schlaf zugebracht, der nur jede Viertelstunde durch den Drang zum Wasserlassen unterbrochen wurde, eine höchst sonderbare Erscheinung, denn es war über die Maßen heiß, ich hatte nicht zur Nacht gegessen und am ganzen vorhergehenden Tag nur bei Dunkelwerden ein Eis zu mir genommen; trotzdem habe ich zwei große Nachttöpfe mit Urin gefüllt. Das Erschrecken über meine bedrückte Lage wirkte wie ein starkes Betäubungsmittel auf mich; dergleichen hatte ich schon früher an mir beobachtet, aber für harntreibend hatte ich es nicht gehalten – ich überlasse den Fall den Ärzten. Vielleicht könnte man es so erklären, daß zur gleichen Zeit, da mein in Furcht versetzter Geist Anzeichen des Versagens durch die Erschöpfung seines Denkvermögens zeigte, auch mein Körper, als stecke er in einer Presse, einen großen Teil der Flüssigkeit ausscheiden mußte, die in ständigem Kreislauf unser Denkvermögen in Gang hält. So kann ein überraschender Schrekken zum plötzlichen Tode führen, weil er die Seele vom Blut wegreißen kann.

Beim Schlag der *Terza* trat der *Messer grande* herein und sagte mir, er habe Befehl, mich in die Bleikammern zu bringen. Ich folgte ihm. Wir begaben uns in eine andere Gondel, und nach einem Umweg durch kleine Kanäle bogen wir in den Canal Grande ein und stiegen am Anlegeplatz des Gefängnisses aus. Nachdem wir einige Treppen hinaufgegangen waren, überschritten wir eine hohe, geschlossene Brücke, die das Gefängnis über den *Rio di Palazzo* genannten Kanal hinweg mit dem Dogenpalast verbindet. Wir gingen auf der anderen Seite der Brücke eine Galerie entlang und betraten einen zweiten Raum, wo er mich einem in Patriziergewänder gekleideten Mann vorführte, der mich erst musterte und dann sagte: *è quello: mettetelo in deposito.* Diese Person war der Sekretär der Herren Inquisitoren, *il circospetto* Domenico Cavalli, der sich offenbar schämte, in meiner Gegenwart venezianisch zu sprechen, denn er verfügte meine Verhaftung in reinem Toskanisch. Nun übergab mich der *Messer grande* dem Wärter der Bleikammern, der mich mit zwei Mann Gefolge zwei kleine Treppen hinauf führte, dann in eine Galerie, dann in eine weitere, die durch eine abschließbare Tür abgetrennt war, dann in noch eine, an deren Ende wieder eine Tür war, hinter der ich mich in einem großen, häßlichen, schmutzigen, sechs Klafter langen und zwei Klafter breiten Dachboden wiederfand, der nur von einer hohen Luke Licht empfing. Ich hielt diesen Dachboden für mein Gefängnis, doch ich täuschte mich. Mein Begleiter nahm einen schweren Schlüssel, öffnete eine mächtige, eisenbeschlagene Tür von dreieinhalb Fuß Höhe, die in der Mitte ein rundes Loch von acht Zoll Durchmesser hatte, und hieß mich eintreten. Während er die Tür öffnete, betrachtete ich aufmerksam ein eisernes Gerät, das an der starken Trennwand befestigt war; es hatte die Form eines Hufeisens, war einen Zoll stark, und hatte fünf Zoll Abstand zwischen den gegenüberliegenden Enden. Ich überlegte, was das sein mochte, als der Wärter lächelnd sagte: *Ich sehe, mein Herr, Ihr wollt wissen, wozu dieses Gerät dient. Ich kann es Euch sagen. Wenn Ihre Exzellenzen anordnen, daß jemand erdrosselt werden soll, setzt man denselben auf einen Schemel mit dem Rücken zu diesem Halseisen, den Kopf so, daß es die Hälfte seines Halses umschließt; ein dickes Seidentuch umgibt die andere Hälfte und geht mit den beiden*

Enden durch dieses Loch, hinter dem ein Rad befestigt ist, an dem sie festgebunden werden; und ein Mann dreht es, bis der Delinquent seinen Geist aufgegeben hat und bei Gott ist, denn der Beichtvater verläßt ihn, der Herr sei gelobt, erst, wenn er tot ist. – Sehr sinnreich, erwiderte ich, *und ich nehme an, mein Herr, daß Ihr selber die Ehre habt, das Rad zu drehen.* Er antwortete nicht. Bei meiner Größe von fünf Fuß und neun Zoll mußte ich mich ziemlich bücken, um einzutreten; er schloß hinter mir ab. Durchs Gitter fragte er mich, was ich zu essen wünsche; ich antwortete, daran hätte ich noch nicht gedacht. Er ging und schloß alle Türen wieder zu.

Betroffen stützte ich meine Ellenbogen auf den oberen Rand des Gitters. Es war zwei Fuß im Quadrat groß, sechs Eisenstäbe von einem Zoll Durchmesser gingen längs und quer darüber, die sechzehn quadratische Öffnungen von je fünf Zoll bildeten. Die Zelle wäre davon hell genug gewesen, wenn nicht ein anderthalb Fuß starker rechteckiger Tragbalken des Dachstuhles, der unter der schräg gegenüber befindlichen Luke in die Wand eingelassen war, das in den Dachboden einfallende Licht abgefangen hätte.

Ich nahm erst einmal eine Erkundung meines abscheulichen Gefängnisses vor, mit gesenktem Kopf, weil es nur fünfeinhalb Fuß hoch war; tastend stellte ich fest, daß es drei Viertel eines Quadrats mit zwei Klafter Seitenlänge maß. Das Viertel neben dem fehlenden war tatsächlich eine Art Alkoven, in den ein Bett gepaßt hätte, aber ich fand weder Bett noch Sitzgelegenheit noch Tisch noch sonst ein Möbelstück, nur einen Eimer für die Notdurft und ein an der Wand befestigtes Brett, einen Fuß breit und vier Fuß über dem Boden. Dort legte ich meinen schönen Seidenmantel und meinen hübschen, so übel eingeweihten Frack ab, dazu meinen mit spanischen Spitzen geränderten Hut mit weißer Feder. Es war über die Maßen heiß.

Traurig und nachdenklich stellte ich mich an den einzigen Platz, wo ich die Ellenbogen aufstützen konnte. Ich sah die Dachluke nicht, aber ich sah das Licht, das den Dachboden erhellte, und ich sah Ratten darin herumlaufen, groß wie Kaninchen. Diese ekligen Tiere, deren Anblick mir verhaßt war, kamen ohne Anzeichen von Scheu bis unter mein Gitter. Ich verschloß das Loch rasch mit einem Schieber von innen; ihr Besuch hätte mir das

Blut in den Adern gefrieren lassen. Ich versank in tiefes Brüten, die Arme immer noch auf den Rand gestützt, und verbrachte dort acht Stunden schweigend und völlig regungslos.

Ich hörte die einundzwanzigste Stunde schlagen und begann unruhig zu werden, daß sich niemand blicken ließ, daß keiner kam, um zu sehen, ob ich zu essen wünschte, daß man mir kein Bett, keinen Stuhl oder wenigstens Wasser und Brot brachte. Ich hatte keinen Appetit, aber ich sagte mir, das könne man ja nicht wissen. Mein Leben lang hatte ich noch keinen so bitteren Geschmack im Mund gehabt. Indessen war ich überzeugt, gegen Ende des Tages werde sich jemand zeigen. Als ich jedoch die vierundzwanzigste Stunde schlagen hörte, bekam ich einen Tobsuchtsanfall, brüllte, stampfte mit dem Fuß, fluchte und begleitete mit lautem Schreien diesen sinnlosen Lärm, den zu vollführen meine sonderbare Lage mir eingab.

Als ich nach über einer Stunde solch wütender Aufführung niemanden sah und nicht das leiseste Anzeichen vernahm, das mir die Annahme erlaubt hätte, jemand könnte meine Raserei gehört haben, schloß ich in völliger Dunkelheit das Gitter, weil ich fürchtete, die Ratten könnten in meinen Kerker springen. Ich streckte mich auf dem Fußboden aus, das Haar in ein Taschentuch gehüllt. Eine solch erbarmungslose Vernachlässigung schien mir unbegreiflich, selbst wenn man entschlossen gewesen wäre, mich umzubringen. Das Nachdenken darüber, was ich getan haben konnte, um eine so grausame Behandlung zu verdienen, dauerte nur sehr kurz, weil ich nichts fand, wo ich einhaken konnte. Als Freigeist, als ein Mann, der gern mit loser Zunge sprach und nur darauf bedacht war, das Leben zu genießen, konnte ich keine Schuld an mir finden; nun mußte ich feststellen, daß ich trotzdem als Schuldiger behandelt wurde. Ich erspare dem Leser die Einzelheiten dessen, was mir Zorn und Wut und Verzweiflung an Worten und Gedanken eingaben gegen die Gewaltherrschaft, die mich peinigte.

Der schwarze Ingrimm und die verzehrende Niedergeschlagenheit hinderten mich freilich ebensowenig am Einschlafen wie der harte Fußboden, auf dem ich lag: ich verlangte nach Schlaf. Wenn der Mensch, über den die Natur gebietet, jung und gesund ist, holt sie sich, was sie braucht, ohne daß sie sein Einverständnis dazu nötig hätte.

Die Mitternachtsglocke weckte mich auf. Ein schreckliches Erwachen, weil man nun dem Nichts oder den Gespinsten des Schlafs nachtrauert. Ich konnte nicht glauben, daß ich drei Stunden zugebracht hatte, während derer mir nichts weh tat. Ohne die Stellung zu ändern griff ich, auf der linken Seite liegend, mit der rechten Hand nach meinem Taschentuch, von dem ich sicher wußte, daß ich es dorthin gelegt hatte. Wie ich mit der Hand herumtaste, da – großer Gott, welch ein Schreck! – stoße ich gegen eine andere, eiskalte. Der Schauder durchzuckt mich von Kopf bis Fuß, und es sträuben sich mir die Haare: nie im Leben hat meine Seele einen solchen jähen Schrecken verspürt, und nie habe ich geglaubt, daß mir so etwas widerfahren könnte. Ich bleibe wohl drei oder vier Minuten so liegen, nicht nur regungslos, sondern auch keines Gedankens fähig. Sobald ich zu mir komme, rede ich mir tröstend ein, die Hand, die ich berührt habe, sei nur ein Gegenstand meiner Einbildung. In diesem festen Glauben strecke ich den Arm nach der selben Stelle aus und stoße auf die selbe Hand, die ich mit einem gellenden Schrei und starr vor Entsetzen ergreife und sogleich wieder fahren lasse, indem ich meinen Arm zurückziehe. Ich bebe, und sowie ich wieder Herr meiner Gedanken bin, komme ich zu dem Schluß, daß man während meines Schlafs einen Leichnam neben mich gelegt hat; denn ich bin sicher, daß noch nichts da war, als ich mich auf dem Boden ausstreckte. Ich stelle mir zunächst den Körper eines bedauernswerten Unschuldigen vor, vielleicht meines Freundes, den man erdrosselt und so neben mich gelegt hat, damit ich beim Erwachen das warnende Beispiel des mir zugedachten Schicksals vor Augen hätte. Dieser Gedanke macht mich grimmig entschlossen: ich fasse zum dritten Mal nach der Hand, ergreife sie, packe fest zu und will mich im gleichen Augenblick aufrichten, um den Leichnam an mich zu ziehen und mich von der Sache in ihrer ganzen Entsetzlichkeit zu überzeugen. Doch wie ich mich auf den linken Ellenbogen stützen will, wird diese kalte Hand, die ich gefaßt halte, lebendig, weicht zurück, und im selben Augenblick wird mir zu meiner größten Überraschung klar, daß ich in meiner rechten Hand keine andere als meine eigene linke gehalten habe, die, gelähmt und erstarrt, infolge des wunderbar weichen und bequemen Bettes, auf dem mein armer Leib lag, Bewegung, Gefühl und Wärme verloren hatte.

Dieses Abenteuer, so komisch es war, erheiterte mich nicht. Vielmehr gab es mir Anlaß zu den schwärzesten Gedanken. Mir wurde klar, daß ich mich an einem Ort befand, wo, wenn das Falsche wahr schien, das Wirkliche Traum sein mußte, an einem Ort, wo der Verstand nur noch halben Wert hatte, an einem Ort, wo die Vernunft von der überhitzten Phantasie zum Opfer trügerischer Hoffnung oder grauenvoller Verzweiflung gemacht wurde. Ich war in dieser Hinsicht von Anfang an sehr auf der Hut und rief nun mit dreißig Jahren zum ersten Mal im Leben die Philosophie zu Hilfe, für die alles in meiner Seele angelegt war; nur hatte ich noch keine Gelegenheit gehabt, sie anzuwenden, von ihr Gebrauch zu machen. Ich glaube, die meisten Menschen sterben, ohne jemals nachgedacht zu haben. Jedenfalls blieb ich sitzen, bis die achte Stunde schlug: das Dämmerlicht des neuen Tages erschien, Sonnenaufgang sollte ein Viertel nach der neunten Stunde sein. Ungeduldig wartete ich auf diesen Tag: eine innere Vorahnung, die ich für unfehlbar hielt, sagte mir ganz fest, man würde mich gleich nach Hause entlassen, und ich glühte von den Rachegelüsten, die ich mir keineswegs verhehlte. Ich sah mich an der Spitze des Volkes, um die Regierung zu zerschmettern; ich konnte mich durchaus nicht damit begnügen, die Vernichtung meiner Unterdrücker den Henkern zu befehlen; nein, ich selber mußte das Blutbad anrichten. So ist der Mensch, und er ahnt nicht, daß das, was da in ihm spricht, nicht die Vernunft ist, sondern ihr größter Widersacher, der Zorn.

Ich mußte weniger lange warten, als ich zu warten bereit gewesen war; das war ein erster Grund zur Beruhigung meines Wütens. Um die halbe neunte Stunde wurde die tiefe Stille dieser Hölle für lebendige Menschen gebrochen: man hörte das Knirschen der Riegel in den Vorplätzen der Gänge, durch die man zu meiner Zelle gelangte. Ich erblickte den Wärter vor meinem Gitter, und er fragte mich, *ob ich Zeit gefunden hätte, zu überlegen, was ich essen wolle.* Ich erwiderte, ohne an seinem Hohn Anstoß zu nehmen, ich wünschte eine Reissuppe, gekochtes Rindfleisch, Braten, Obst, Brot, Wein und Wasser. Ich merkte, wie der Tölpel staunte, daß er nicht die erwarteten Klagen zu hören bekam. Nachdem er eine Minute gewartet hatte und sah, daß ich nichts mehr sagte, es aber mit seiner Würde nicht vereinbar fand, mich zu fragen, ob ich noch etwas wünsche, ging er fort. Doch eine Viertelstunde später kam er wieder und sagte, er wundere sich, daß ich nicht ein Bett und andere Gebrauchsdinge haben wolle; wenn ich mir nämlich einbildete, hier nur für eine Nacht eingeliefert worden zu sein, so täuschte ich mich. Ich erwiderte, ich würde mich freuen, wenn er mir brächte, was er für erforderlich halte. *Und wo soll ich es holen?* fragte er. Ich sagte ihm, er solle zu mir nach Hause gehen und mir alles bringen. Darauf gab er mir ein Stück Papier und einen Stift. Ich verlangte schriftlich Bett, Hemden, Strümpfe, Morgenmantel, Mützen, Kämme, Pantoffeln, Sessel, Tisch, Spiegel, Rasiermesser und, mit Titelangabe, die Bücher, die der *Messer grande* auf dem Tischchen neben meinem Bett gefunden hatte; außerdem Papier, Federn und Tinte. Als ich ihm die Gegenstände vorlas (denn er konnte nicht lesen), sagte er, ich solle Papier, Schreibzeug, Spiegel und Rasiermesser streichen; das alles sei von Amts wegen verboten. Und er verlangte Geld, um das von mir bestellte Essen kaufen zu können. Ich gab ihm eine Dreierzechine, die ich noch bei mir hatte. Eine halbe Stunde später hörte ich ihn gehen. In dieser halben Stunde hatte er, wie ich später erfuhr, sieben weitere Häftlinge bedient, die dort oben einsaßen, jeder für sich, ohne die Möglichkeit, miteinander in Verbindung zu treten oder auch nur Namen und Stand derer zu erfahren, die vom selben Unglück betroffen waren.

Gegen Mittag kam der Mann auf den Dachboden, zusammen mit fünf Bütteln, die zum Dienst bei den Staatsgefangenen (so war unser ehrenvoller Titel) bestimmt waren. Er öffnete meine Zelle, damit die von mir angeforderten Gegenstände und das Essen hereingebracht werden konnten. Im Alkoven wurde das Bett aufgeschlagen, und mein Essen wurde auf den kleinen Tisch gestellt. Der Mann gab mir einen elfenbeinernen Löffel, den er von meinem Geld gekauft hatte, erklärte mir, Messer und Gabel seien verboten, wie überhaupt jedes Instrument aus Metall, und meine

Schuhschnallen lasse er mir nur, weil er sehe, daß sie aus geschliffenen Steinen beständen. Er ersuchte mich, bei ihm zu bestellen, was ich am nächsten Tag essen wollte, weil er nur bei Tagesanbruch hier herauf kommen könne; schließlich sagte er mir, der *illustrissimo signor secretario* habe aus meiner Aufstellung die angeforderten Bücher gestrichen mit dem Bemerken, er werde mir einige zu meiner derzeitigen Lage passende schicken. Ich wies ihn an, dem Herrn Sekretär meinen Dank zu sagen, daß er mich nicht mit jemand anderem zusammengelegt habe. Er entgegnete, er werde meine Nachricht überbringen, aber es sei nicht richtig, daß ich mich lustig mache; ich hätte ja gewiß bemerkt, daß man mich nur deshalb allein untergebracht habe, um mir die Haft härter zu machen. Er hatte recht, das wurde mir schon wenige Tage später sehr klar. Ich sah ein, daß ein Mensch, dem jede Möglichkeit einer Beschäftigung genommen und der allein in einen fast dunklen Raum gesperrt ist, wo er niemanden rufen kann und nur einmal in vierundzwanzig Stunden den Mann sieht, der ihm seine Nahrung bringt, sich in einer wahren Hölle befindet. Selbst die Gesellschaft eines Mörders, eines Verrückten, eines stinkenden Kranken, eines Bären, eines Tigers ist einer solchen Einsamkeit vorzuziehen, die einen zur Verzweiflung treibt. Doch das weiß man erst, wenn man diese Erfahrung gemacht hat.

Um etwas Licht zu sehen und nicht im Dunkeln zu essen, da jede künstliche Beleuchtung verboten war, schob ich nach dem Weggang des Wärters meinen Tisch an das Loch heran, durch das der schwache Lichtschein der Dachluke herein fiel. Ich hatte seit genau fünfundvierzig Stunden gefastet, und doch bekam ich nur Reis hinunter. Ich brachte den Tag ohne Zornesausbruch in meinem Sessel zu, litt dabei nur unter der Langeweile, sehnte den nächsten Tag herbei und bereitete mich geistig schon auf die angeblich passende Lektüre vor, die mir in Aussicht gestellt worden war. Die Nacht verbrachte ich schlaflos bei dem Lärm, den die umherspringenden Ratten auf dem Dachboden vollführten, und in Gesellschaft der Turmuhr der Markuskirche, die in meine Zelle hineinzupochen schien. Eine Plage, für die ich unter den Lesern nur wenige Sachkundige finden dürfte, bereitete mir eine unerträgliche Qual: eine Million Flöhe, die sich mit Begeisterung auf meinem ganzen Körper verteilten, begierig nach meinem Blut und meiner Haut, die sie mit unvorstellbarer Hartnäckigkeit zerstachen; diese Insekten verursachten mir Krämpfe, spastische Kontraktionen der Nerven, und vergifteten mir das Blut.

Am nächsten Tage beim Morgengrauen erschien der Wärter und ließ mein Bett machen, fegen und putzen. Als einer seiner Büttel mir Wasser zum Händewaschen hinhielt, sah der Wärter, daß ich hinausgehen wollte und machte mich darauf aufmerksam, daß ich das nicht dürfe. Ich sah zwei Bücher und nahm davon Abstand, sie aufzuschlagen, damit ich nicht unwillkürlich eine abschätzige Bewegung machte, über die er zweifellos Meldung gemacht hätte. Nachdem er mir mein Futter hingestellt und zwei Zitronen aufgeschnitten hatte, ging er.

Kaum hatte ich meine heiße Suppe gegessen, hielt ich meine Bücher in das Licht aus dem Loch, und ich sah, daß ich keine Schwierigkeiten mit dem Lesen haben würde. Eines dieser Bücher trug den Titel *Die mystische Gottesstadt* und war geschrieben von *Schwester Maria von Jesus von Agreda*; ich konnte mir nichts darunter vorstellen. Das zweite stammte von einem Jesuiten, dessen Namen ich vergessen habe; darin wurde eine neue besondere unmittelbare Anbetung zum Herzen unseres Herrn Jesus Christus dargestellt. Von allen Körperteilen des Mittlers zwischen uns und Gott war es dieser, den man, dem Autor zufolge, ganz besonders anzubeten hatte – seltsame Einfalt eines ungebildeten Spinners, den zu lesen ich nicht über mich brachte, weil mir das Herz kein ehrwürdigeres Organ zu sein schien als die Lunge. Die mystische Stadt interessierte mich ein wenig. Ich las alles, was herauskommen konnte bei den Verirrungen der überhitzten Phantasie einer Jungfrau, die über die Maßen fromm war, Spanierin, schwermütig, in ein Kloster eingesperrt, mit Ignoranten und Schmeichlern zu Beichtvätern. All die wunderlichen und abwegigen Vorstellungen wurden hier hochtönend als Offenbarung bezeichnet. Als Liebhaberin und enge Freundin der Jungfrau Maria hatte sie von Gott selbst den Auftrag bekommen, das Leben seiner göttlichen Mutter zu beschreiben; der Heilige Geist hatte ihr die erforderlichen Anweisungen gegeben, die niemand irgendwo vorher gelesen haben konnte. Sie begann die Geschichte nicht mit

Marias Geburt, sondern mit der höchst unbefleckten Empfängnis im Leibe der heiligen Anna. Die Schwester Maria von Agreda war Oberin eines Franziskanerinnenklosters, das sie selbst in ihrem Hause gegründet hatte. Nachdem sie genau geschildert hatte, was die Muttergottes in den neun Monaten vor ihrer Geburt getan hatte, berichtete sie, im Alter von drei Jahren habe sie das Haus mit Hilfe von neunhundert Dienern gefegt, lauter Engeln, die Gott ihr geschickt hatte, und zwar unter der Führung ihres Fürsten, des Erzengels Michael persönlich, der von ihr zu Gott und von Gott zu ihr kam und ging, um die gegenseitigen Botschaften zu überbringen. Auffallend an dem Buch ist, daß der einsichtige Leser die Überzeugung gewinnt, in dem ganzen Werk sei nichts, was seine mehr als fanatische Verfasserin für erfunden gehalten haben könnte. Erfindungsgabe kann so weit nicht gehen. Alles wird in gutem Glauben erzählt: es sind Visionen eines gänzlich entrückten Gehirns, das ohne eine Spur von Stolz gottestrunken nur zu offenbaren meint, was der Heilige Geist ihm eingibt. Das Buch war mit Genehmigung der Inquisition gedruckt; ich kam aus dem Staunen nicht heraus. Statt in meinem Geiste eine Aufwallung von frommem Eifer zu bewirken, war es für mich weit eher eine Versuchung, alles als Märchen abzutun, was wir an Mystik und selbst an Dogmatik haben.

Die Eigenart eines solchen Buches ist nicht ohne Folgen: ein Leser mit etwas empfänglicherem Geiste und mehr dem Wunderbaren verbunden als ich ist in Gefahr, bei der Lektüre Visionen zu bekommen und schreibbesessen zu werden wie diese Jungfrau. Mich hat die Notwendigkeit, irgendetwas zu tun, eine Woche über diesem Meisterwerk verbringen lassen, das ein überspannter Geist zusammengedichtet hat; ich sagte dem törichten Wärter nichts davon, aber ich hielt es nicht mehr aus. Immer wenn ich am Einschlafen war, merkte ich, mit welcher Pest dieses Buch meinen von Schwermut und schlechter Verpflegung geschwächten Geist angesteckt hatte. Ich mußte über meine närrischen Träume lachen, wenn ich sie nach dem Erwachen noch einmal durchdachte, weil ich Lust bekam, sie aufzuschreiben, und wenn ich Schreibzeug gehabt hätte, so hätte ich vielleicht ein noch verrückteres Werk verfaßt als das, mit dem mich Herr von Cavalli versorgt hatte. Seither weiß ich, wie sehr sich die Leute täuschen, die dem Menschengeist eine gewisse Kraft zuschreiben; sie ist durchaus relativ: wer sich prüfen würde, fände bei sich selber lauter schwache Stellen. Ich habe die Erfahrung gemacht, daß nur *selten* einmal ein Mensch verrückt wird, aber ebenso, daß das *sehr leicht* geschehen kann. Unser Verstand ist wie das Schießpulver, das zwar leicht entflammbar ist, sich aber nie entflammt, ohne daß man es anzündet; oder wie ein Trinkglas, das nie zerbricht, wenn man es nicht zerschlägt. Das Buch dieser Spanierin ist genau das richtige, um einen Menschen verrückt zu machen; man muß ihm dieses Gift allerdings geben, wenn er allein und ohne jede Beschäftigung im Gefängnis sitzt.

Als ich im Jahr 1767 von Pamplona nach Madrid unterwegs war, hielt mein Kutscher zum Essen in einer Stadt in Altkastilien, die sich mir so öde und häßlich darstellte, daß ich ihren Namen erfahren wollte. Ach, wie habe ich gelacht, als man mir sagte, es sei Agreda! Hier also war dem Kopf der törichten Heiligen das Meisterwerk entsprungen, das ich nie gelesen hätte, wenn ich nicht mit Herrn von Cavalli zu tun gehabt hätte. Ein alter Priester zeigte mir den Ort, wo Schwester Maria, deren Vater, Mutter und Schwester alle Heilige gewesen waren, geschrieben hatte; er erzählte, und es traf zu, daß Spanien in Rom ihre Heiligsprechung betrieb, zusammen mit der des seligen Bischofs Palafox. Vielleicht hat diese mystische Stadt auch dem Pater Malagrida die Kraft verliehen, das Leben der heiligen Anna zu schreiben, das ihm ebenfalls der Heilige Geist diktiert hat. Der arme Jesuit hat allerdings dafür das Martyrium auf sich nehmen müssen, ein Grund mehr, für seine Kanonisierung zu sorgen, wenn die Gesellschaft Jesu aufersteht und in ihrer alten Pracht wiederkehrt.

Nach neun oder zehn Tagen hatte ich kein Geld mehr. Der Wärter fragte mich, wo er welches holen solle, und ich entgegnete kurz: *nirgends.* Was diesem geldgierigen und geschwätzigen Mann mißfiel, war meine Schweigsamkeit. Am Morgen darauf teilte er mir mit, das Gericht habe mir täglich fünfzig Soldi ausgesetzt, die er zu verwalten habe; er werde jeden Monat mit mir darüber abrechnen und Überschüsse nach meinen Anweisungen verwenden. Ich sagte ihm, er solle mir zweimal in der Woche die

Leidener Gazette bringen; er entgegnete, das sei nicht erlaubt. Die fünfzig Soldi pro Tag waren mehr, als ich brauchte, weil ich nicht mehr viel essen konnte: die außerordentliche Hitze und die Kost hatten mich ganz entkräftet; es waren gerade die Hundstage, und die Kraft der Sonnenstrahlen, die auf das Bleidach prallten, bereitete mir geradezu ein Schwitzbad. Der Schweiß aus meinem Leibe rann auf den Fußboden, links und rechts von meinem Sessel, wo ich es gänzlich nackt noch am erträglichsten fand.

Nach zwei Wochen ohne Stuhlgang versuchte ich es und glaubte zu sterben vor Schmerzen, wie ich sie nie für möglich gehalten hätte; es war das Leiden innerer Hämorrhoiden, das ich mir damals holte, und von dem ich nie wieder geheilt worden bin; dieses Andenken, das mich von Zeit zu Zeit an seine Ursache erinnert, trägt nicht dazu bei, sie besonders zu schätzen. Die Natur bietet uns zwar keine guten Arzneien, um uns von Krankheiten zu heilen, aber sie bietet uns wenigstens sichere Mittel, sie uns zu holen. In Rußland wird von diesem Leiden großes Aufheben gemacht; man beglückwünscht sogar diejenigen, die davon befallen sind. Heftiger Schüttelfrost zeigte mir noch am gleichen Tage, daß mich das Fieber gepackt hatte. Ich blieb im Bett, sagte aber am folgenden Tag noch nichts; erst zwei Tage später, als der Wärter mein Essen zum zweiten Mal so vorfand, wie er es mir gebracht hatte, fragte er mich, wie es mir gehe. Ich sagte, es gehe mir sehr gut, woraufhin er mit Nachdruck von den Vorteilen sprach, welche die Häftlinge im Krankheitsfalle hatten, daß ihnen das Gericht unentgeltlich einen Arzt, Medikamente und einen Bader stelle, und daß ich unrecht täte, ihm nicht Meldung zu machen; er sei sicher, daß ich krank sei. Ich gab ihm keine Antwort, aber er kam trotzdem drei Stunden später wieder, ohne einen einzigen seiner Leute, eine Kerze in der Hand und in Begleitung eines Mannes mit ernster, würdevoller Miene, an der ich sogleich den Arzt erkannte.

Ich lag in hitzigem Fieber, das mir nun schon den dritten Tag im Blut brannte. Er befragte mich, und ich antwortete nichts weiter, als daß ich mit dem Beichtvater und dem Arzt nur unter vier Augen spräche. Daraufhin bat er den Wärter hinauszugehen, und als dieser nicht wollte, ging er mit ihm fort, nachdem er mir erklärt hatte, ich sei in Lebensgefahr. Tatsächlich war ich zornentbrannt und gar nicht aufs Weiterleben bedacht. Ich empfand auch Befriedigung in einem Verhalten, das den grausamen Männern, die mich zu solchem Kerker verurteilten, ihr unmenschliches Vorgehen deutlich machen konnte.

Vier Stunden später hörte ich das Geräusch der Riegel und erblickte wieder den Arzt, der diesmal die Kerze selber hielt; der Wärter war draußen geblieben. Ich war völlig erschöpft und genoß eine tiefe Ruhe. Wer wirklich krank ist, den quält kein Verdruß; als ich sah, daß der Wärter draußen geblieben war, verspürte ich echte Befriedigung. Ich konnte den Anblick dieses Mannes nicht leiden, seit er mir das Halseisen erklärt hatte.

In einer knappen Viertelstunde setzte ich den Arzt über alles ins Bild. Er erklärte mir, wenn ich wieder gesund werden wolle, müsse ich alle Traurigkeit abschütteln. Ich antwortete ihm, er brauche nur das Rezept für eine entsprechende Behandlung auszustellen und dem einzigen Apotheker zu geben, der diese Verschreibung erfüllen könne. Ich äußerte mich mit übertriebener Heftigkeit gegen das Herz – oder besser gesagt gegen das Buch vom Herzen – Jesu und gegen die mystische Stadt, in der mich die Wahnträume meiner Fieberwallungen umhertrieben, und es gefiel mir, als er mir zustimmte, daß diese beiden Rauschgifte mir die Hämorrhoiden und das Fieber eingebracht hätten. Er verließ mich mit der Versicherung, er werde mich nicht im Stich lassen, nachdem er mir eigenhändig eine stark verdünnte Limonade bereitet hatte, die er neben mich hinstellte und von der er mich häufig zu trinken bat. Ich verbrachte die Nacht immer noch wie betäubt und von mystischen Albernheiten träumend.

Am Morgen, zwei Stunden später als gewöhnlich, tauchte er wieder auf, zusammen mit dem Wärter und einem Bader, der mich gleich am Arm zur Ader ließ. Er gab mir eine Arznei, die ich am Abend einnehmen sollte, und eine Flasche ganz dünne Brühe; außerdem sagte er mir, er habe die Erlaubnis erwirkt, mein Bett auf den Dachboden bringen zu lassen, wo es nicht so heiß war. Dieser Gnadenerweis entsetzte mich geradezu wegen der Ratten, vor denen mir mehr graute als vor dem Tod. Er fand gegen die Begründung für meine Weigerung nichts einzuwenden. Was mich aber wirklich tröstete und diesem Arzt mein ganzes Wohlwollen eintrug, war dies: er warf die beiden schlechten Bücher aus der Zelle und gab mir dafür Boethius. Ohne diesen Autor zu kennen, hatte ich doch die größte Achtung vor ihm; mit der Lektüre konnte ich allerdings erst zwei Wochen später beginnen. Um zu verstehen, was Boethius vermag, muß man ihn in der Lage lesen, in der ich war. Niemand vor oder nach ihm hat es fertiggebracht, einen solchen Balsam für betrübte Gemüter zu geben. Neben ihm wird Seneca ganz klein.

Mehrere Klistiere mit Gerstenaufguß heilten mich in acht Tagen vom Fieber und linderten die anderen quälenden Beschwerden, und weitere acht Tage später stellte sich der Appetit ein. Anfang September ging es mir gut; ich hatte keine anderen wirklichen Leiden auszustehen außer der großen Hitze, den Flöhen und der Langeweile, denn ich konnte ja nicht den ganzen Tag Boethius lesen. Der Wärter erklärte, ich dürfe mich außerhalb der Zelle waschen und ergehen, während seine Leute mein Bett machten und kräftig ausfegten, das einzige Mittel, um das verwünschte Ungeziefer zu vermindern, das von meinem Blut lebte. Der Fünfminutenspaziergang, den ich nun jeden Morgen auf dem Dachboden machte, und zwar mit Leidenschaft, schien mir eine bedeutende Vergünstigung zu sein. Entweder lag ein Befehl des Sekretärs oder eine Eigenmächtigkeit des Wärters vor, wenn es denn zutraf, daß so etwas eigentlich verboten war. Tatsächlich gab er mir die Erlaubnis erst am ersten September, als er mir nach dem Bericht über das verbleibende Geld vom August noch fünfundzwanzig oder dreißig Lire schuldig war. Ich sagte ihm, er solle dieses Geld getrost verwenden, um Messen für mich lesen zu lassen. Er bedankte sich in einer Weise, als wäre er selbst der Priester, der sie lesen sollte. Als ich merkte, daß dieser Frömmigkeitserweis mir die Erlaubnis zu dem kurzen Ausgang eingebracht hatte, bei dem ich mich erfrischen konnte, hielt ich es Monat für Monat so; ich bekam aber nie die Quittung eines Priesters zu sehen, der mein Almosen empfangen hätte. Doch die geringste Verfehlung, die der Wärter tun konnte, war, mein Geld einzustecken und selbst für mich zu Gott zu flehen.

So lebte ich hin und bildete mir jeden neuen Tag ein, man

werde mich heimschicken. Nie legte ich mich schlafen, ohne so gut wie sicher zu sein, morgen werde man mir eröffnen, ich sei frei. Als ich dann, stets aufs neue in meiner Hoffnung enttäuscht, zu der Überlegung gelangte, man habe wohl einen Stichtag für mich festgesetzt, beschloß ich, spätestens am letzten Tag des September müsse es so weit sein, denn an diesem Tag beendeten die Inquisitoren ihr Geschäftsjahr. Ich kam darauf, daß es so sein müsse, weil noch niemand, weder Richter noch Sekretär, gekommen war, um mich zu verhören oder davon zu überzeugen, daß ich die Strafe verdient habe; das hielt ich für unerläßlich. Man konnte dieser Verpflichtung nur deshalb nicht nachgekommen sein, weil meine Richter wissen mußten, daß ich keinerlei Rechtsbruch begangen hatte, und mir demnach nichts zu sagen hatten; so hielten sie mich wohl nur der Form halber hier fest, und im Interesse ihres Ansehens hätten sie meine Entlassung für das Ende ihrer Amtszeit angeordnet. Ich hätte es sogar über mich gebracht, ihnen das Unrecht nachzusehen, das sie mir angetan hatten; denn nachdem ihnen einmal der Fehler unterlaufen war, mich einsperren zu lassen, durften sie mich nicht weniger als neun oder zehn Wochen festhalten; andernfalls hätte die Welt Anlaß zu der Vermutung gehabt, sie hätten sich geirrt oder mich wegen irgendwelcher törichten Streiche inhaftiert. Ich war also sicher, spätestens am ersten Oktober herauszukommen, es sei denn, daß man mich vergäße, womit ich aber nicht rechnete, oder daß sie mich ihren Nachfolgern zur Entscheidung überließen, die mit mir nichts anzufangen wüßten, weil sie ihnen ja nicht den kleinsten von mir begangenen Rechtsbruch mitteilen konnten. Ich meinte, es sei unmöglich, daß sie mich verurteilt und den Spruch niedergeschrieben hätten; so wie ich es mir zurechtgelegt hatte, ging das nicht, ohne daß sie mit mir sprachen und ihn mir übermittelten; den Urteilsspruch ebenso zu erfahren wie die Anklagepunkte ist unstreitig das Recht eines jeden Verbrechers, das nach unserer Religionslehre sogar Gott als unser Richter am Jüngsten Tage beachten wird. So gingen meine Erwägungen, und so gehen sie bei allen Gefangenen, die sich nicht als Gesetzesbrecher fühlen. Es kann nicht ausbleiben, daß man sich vorstellt, was man sich wünscht; Ariost sagt: *il miser suole dar facile credenza a quel che vuole;* und Seneca hat es in einer seiner Tragödien noch gefälliger ausgedrückt: *quod nimis miseri volunt hoc facile credunt.*

Meine Erwägungen waren unangebracht angesichts der Regeln eines Gerichts, das anders ist als alle Gerichte dieser Welt und sich nicht einmal nach außen einer gewissen Höflichkeit befleißigt. Wenn es gegen einen Übeltäter vorgeht, steht ja schon fest, daß er einer ist; warum sollte man also mit ihm sprechen? Und ist er einmal verurteilt, wo läge die Notwendigkeit, ihm die schlechte Nachricht seines Spruchs zu eröffnen? Seine Zustimmung ist nicht erforderlich; da ist es doch besser, sagt man sich, ihm die Hoffnung zu lassen; würde man ihm das Urteil mitteilen, so würde er deswegen nicht eine Stunde weniger im Gefängnis bleiben. Wer klug ist, unterrichtet niemanden über seine Angelegenheiten; das Richten und Verurteilen ist Sache des Gerichts, in die sich der Schuldige nicht einzumischen hat. Ich kannte diesen Brauch, zum Teil jedenfalls; aber es gibt Dinge auf der Welt, von denen man nicht sagen sollte, man kenne sie wirklich, bevor man sie aus Erfahrung kennt.

Ist unter meinen Lesern einer, dem diese Regeln ungerecht erscheinen, so habe ich Verständnis dafür, weil sie ja wirklich zunächst so aussehen; aber er muß wissen, daß sie als Einrichtung gerecht oder jedenfalls notwendig werden, denn ein solches Gericht kann nur mit ihnen bestehen. Die Männer, die sie in Kraft halten, sind Senatoren, die unter den fähigsten ausgewählt worden sind und als die tugendhaftesten gelten. Nach ihrer Wahl in dieses erhabene Amt müssen sie schwören, das zu tun, was die ersten Gesetzgeber denen, die es bekleiden, vorgeschrieben haben; und die halten sich daran, manchmal sogar seufzend. Es ist erst sieben, acht Jahre her, daß ich die Seufzer eines von ihnen, eines hochachtbaren Mannes, miterlebte, weil er einen Brandstifter-Häuptling ohne Federlesen erdrosseln lassen mußte, der ganz Murano in Schrecken versetzt hatte. Dieser gutherzige und gerecht gesonnene Senator nahm nicht für sich in Anspruch, Herr über irgend etwas zu sein; er wagte nicht, sich als Staatsinquisitor zu empfinden; er sagte: *ich diene dem Gericht.* Ich glaube, er empfand eine Art Verehrung für den Tisch und die drei Sessel, aus denen es bestand. Ein böser Ärger, der mir 1782 widerfuhr, hat meine Rache herausgefordert. Ich habe mir Genugtuung verschafft, ohne gegen die Gesetze zu verstoßen, und damit den ganzen Adel, der gemeinsame Sache machte, gegen mich aufgebracht; freiwillig habe ich ihm dann auf ewig Ade gesagt. Ohne diesen starken Grund hätte ich nie die Kraft gefunden, mich aus meiner Vaterstadt zu entfernen, denn ich war so vernarrt, wie Montaigne es nennt, in die großen Freuden, die sich ein Mensch verschaffen kann, daß ich mich mit Genuß suhlte, fast wie ein Schwein. So tun Menschen oft jemandem etwas Gutes, ohne es zu wollen.

Die letzte Septembernacht verbrachte ich, ohne ein Auge zuzutun – ungeduldig, den Tag heraufkommen zu sehen, an dem ich meiner sicheren Erwartung gemäß nach Hause zurückkehren würde. Doch der Tag brach an, Lorenzo kam und sagte mir nichts Neues. Ich verlebte fünf oder sechs Tage in wilder Wut und Verzweiflung, glaubte, man habe aus mir unbekannten Gründen beschlossen, mich für den Rest meiner Tage dort zu behalten. Diese schreckliche Vorstellung brachte mich zum Lachen; ich war der Überzeugung, es liege allein bei mir, nur noch ganz kurze Zeit hier zu bleiben, wenn ich mich nur entschließen könnte, mein Leben aufs Spiel zu setzen, um die Freiheit zu gewinnen.

Deliberata morte ferocior faßte ich Anfang November den Plan, mit Gewalt einem Ort zu entkommen, an dem man mich gewaltsam festhielt. Dieser Gedanke wurde mein einziger. Ich begann hundert Mittel zu suchen, zu erfinden, zu prüfen, wie ich ein Vorhaben verwirklichen könnte, das vor mir schon etliche versucht haben mochten, das aber noch keiner hatte zu Ende führen können.

In dieser Zeit widerfuhr mir eines Morgens etwas, das mir meinen kläglichen Seelenzustand verdeutlichte. Ich stand auf dem Dachboden, schaute zur Dachluke hinauf und sah auch den dikken Balken. Lorenzo, mein Wärter, kam gerade mit zweien seiner Leute aus meiner Zelle, da sah ich den mächtigen Balken nicht etwa nur erzittern, sondern sich nach rechts biegen und dann wieder in einer langsamen, ruckartigen Gegenbewegung in seine ursprüngliche Lage zurückkehren. Da ich zugleich spürte, daß ich meinen festen Stand verlor, war ich überzeugt, es handle sich um einen Erdbebenstoß, und die Leute um mich merkten es; ich sagte nichts und freute mich über die Erscheinung. Einige Sekunden später gab es wieder die gleiche Bewegung; ich konnte nicht verhindern, daß mir die Worte *un'altra, un'altra gran Dio, ma più forte* von den Lippen kamen. Die Büttel, entsetzt über das, was sie für die Ruchlosigkeit eines irren und gotteslästerlichen Verzweifelten halten mußten, liefen entsetzt davon. Nachher, als ich mich bedachte, stellte ich fest, daß ich zu den möglichen Ereignissen den Einsturz des Dogenpalastes gerechnet hatte; der wäre mir zur Wiedererlangung meiner Freiheit gerade recht gewesen. Der Palast sollte vornüber kippen und mich ganz unbeschädigt, wohlbehalten und frei auf dem schönen Pflaster des Markusplatzes absetzen. So begann ich verrückt zu werden. Der Stoß kam von dem Erdbeben, das in den gleichen Tagen Lissabon verheerte.

Um dem Leser meine Flucht von einem solchen Ort richtig darstellen zu können, muß ich ihm die Baulichkeit beschreiben. Die Zellen befinden sich auf dem sogenannten Speicher des großen Palastes; das Dach, das nicht mit Schiefertafeln oder Ziegeln, sondern mit drei Fuß großen, ein zwölftel Zoll starken quadratischen Bleiplatten gedeckt ist, gibt diesem Gefängnis den Namen *Bleikammern*. Man gelangt nur durch die Tore des Palastes hinein oder durch den schönen Gefängnisbau, durch den man mich ja über die schon erwähnte sogenannte *Seufzerbrücke* geleitet hatte. Hinauf in die Zellen kommt man nur durch den Saal, in dem sich die Staatsinquisitoren versammeln; nur ihr Sekretär hat den Schlüssel, den der Wärter der Bleikammern ihm sogleich wieder abliefern muß, wenn er den Dienst bei den Gefangenen beendet hat. Dies erfolgt bei Tagesanbruch, weil später das Kommen und Gehen der Büttel zu auffällig wäre an einem Ort, an dem sich all die Menschen drängen, die eine Vorladung bei den Obersten des Rates der Zehn haben, der jeden Morgen in dem benachbarten *Bussola*-Saal tagt, durch den die Büttel hindurch müssen.

Die Zellen befinden sich, voneinander getrennt, unter dem First an den beiden Längsseiten des Palastes: drei im Westen, darunter die meine, vier im Osten. Die Regenrinne am Rande des Daches der westlichen Zellen führt auf den Innenhof des Palastes, die östliche Dachrinne befindet sich genau auf der Gegenseite zum *Rio di Palazzo* hin. Auf dieser Seite sind die Zellen sehr hell, und man kann aufrecht darin stehen, Vorzüge, die meinem Gefängnis fehlten, das *il trave, das Gebälk*, hieß. Der Fußboden meiner Zelle lag genau über der Decke des Saales der Staatsinquisitoren, in dem sie sich fast jeden Abend trafen, nach der täglichen Sitzung des Rates der Zehn, dem sie angehören.

Da ich das alles wußte und eine genaue Vorstellung von der Lage der Räumlichkeiten hatte, wurde mir klar, daß der einzige Weg zum Gelingen das Durchbrechen des Fußbodens war. Doch dazu gehörte Werkzeug, sehr schwierig zu beschaffen an einem Ort, wo jegliche Verbindung mit der Außenwelt verboten ist, wo keine Besuche und kein Briefverkehr erlaubt sind. Ich durfte ja nicht einen der Büttel ins Vertrauen ziehen, zumal ich kein Geld hatte, ihn zu bestechen. In so manchen Zornesstunden wälzte ich in meinem Kopf den Plan, mir den Weg ins Freie zu bahnen, indem ich den Wärter und seine beiden Untergebenen, die mein Bett machten, umbrächte; aber da ich keine Waffen hatte, sah ich keine andere Möglichkeit, als sie mit bloßen Händen zu erwürgen, und dazu mußte ich das zur Ausführung erforderliche Entgegenkommen ihrerseits unterstellen. Einer der Büttel blieb immer draußen an der ersten Tür, die er nicht öffnete, bevor ihm die, welche hinaus wollten, die Parole zuriefen; außerdem hielt er sich bereit, beim leisesten Geräusch einzugreifen.

Mein einziges Vergnügen war es, mich an unausführbaren Plänen zu weiden, die alle auf die Wiedererlangung meiner Freiheit abzielten, ohne die mir das Leben nichts mehr wert war. Ich las immer noch Boethius, aber ich wollte hinaus, und bei Boethius fand ich nicht das Mittel dazu. Ich dachte ständig daran, weil ich fest überzeugt war, ich könnte es nur durch Nachdenken finden. Noch heute glaube ich, daß ein Mensch, der sich in den Kopf setzt, irgendein Vorhaben zu vollbringen, und der sich mit nichts anderem beschäftigt, trotz allen Schwierigkeiten zum Ziel gelangen wird; ein solcher Mensch wird es zum Großwesir, zum Papst bringen, wird eine Monarchie stürzen – vorausgesetzt, er fängt frühzeitig an; ist er erst in dem Alter, wo ihm das Glück den Rücken kehrt, so gelingt ihm nichts mehr: ohne dessen Hilfe kann er auf keinen Erfolg hoffen. Man muß aufs Glück setzen und zugleich mit seinem Ausbleiben rechnen, das ist eine besonders schwierige politische Abwägung.

Mitte November sagte mir der Wärter, der *Messer grande* habe einen Gefangenen in Händen, und der neue Sekretär, *Circospetto* Peter Businello, habe ihm befohlen, diesen in die allerschlechteste Zelle zu stecken; folglich werde er ihn zu mir legen. Er versicherte, er habe den *Messer grande* daran erinnert, daß ich es als Gnade betrachtet hätte, allein untergebracht zu sein; die Antwort sei gewesen: in den vier Monaten, die ich jetzt da sei, müsse ich ja wohl klüger geworden sein. Diese Nachricht bekümmerte mich nicht, und ich fand auch die Mitteilung vom Sekretärswechsel nicht unerfreulich; Herr von Businello war ein wackerer Mann, den ich als Gesandten der Republik in London kennengelernt hatte. Doch für beide Neuigkeiten ließ ich mir kein Interesse anmerken.

Eine Stunde nach dem Glockenschlag der *Terza* hörte ich das Quietschen der Riegel und erblickte Lorenzo, gefolgt von zwei Bütteln, die an Handschellen einen weinenden jungen Mann führten. Sie schlossen ihn in meine Zelle ein und gingen wortlos davon. Ich lag auf meinem Bett in dem kleinen Alkoven, wo er mich nicht sehen konnte, freute mich auf seine Überraschung. Da er zu seinem Glück nur fünf Fuß groß war, stand er aufrecht und betrachtete aufmerksam meinen Sessel, von dem er annahm, er sei für ihn bestimmt. Auf dem Türvorsprung sah er den Boethius; er wischte sich die Tränen ab, schlug ihn auf und legte ihn unwillig wieder hin, als er merkte, daß es Latein war. Er schritt die Zelle ab, und nach dem ersten Erstaunen, Kleidungsstücke zu finden, gelangte er zum Alkoven, wo ein schwacher Lichtschein ihm das Bett zeigte. So berührte er mich und zog seine Hand mit einer Entschuldigung zurück, als er meine Stimme hörte. Ich bat ihn Platz zu nehmen, und der Leser kann sich vorstellen, daß unsere Bekanntschaft bald gemacht war.

Er erzählte mir, er stamme aus Vicenza; sein Vater, obwohl nur ein armer Fuhrmann, habe ihn auf die Schule geschickt, wo er schreiben gelernt habe und damit im Alter von elf Jahren in der Lage gewesen sei, bei einem Perückenmacher in die Lehre zu gehen; in vier Jahren habe er so gut gelernt, Perücken und Haare zu frisieren, daß er als Kammerdiener in den Dienst des Herrn Grafen ... treten konnte. Seufzend sagte er, zwei Jahre später sei die einzige Tochter des Grafen aus dem Kloster nach Hause geholt worden; beim Frisieren ihres schönen Haares habe er sich in sie verliebt und sie sich in ihn. Da sie beide der Gewalt ihrer Liebesglut nicht widerstehen konnten, hätten sie einander die Ehe versprochen und dann der Natur ihren Lauf gelassen, woraufhin die achtzehnjährige Comtesse schwanger geworden sei. Eine alte, besonders fromme Dienerin des Hauses habe ihren Umgang und den sträflichen Leibesumfang der Herrin entdeckt. Bald habe sie alles aus ihr herausgefragt und dann gesagt, ihr Gewissen zwinge sie, alles dem gräflichen Vater zu entdecken. Die Frevlerin habe versichert, sie werde es ihm noch in der gleichen Woche durch ihren Beichtvater ausrichten lassen, woraufhin die Alte Stillschweigen gelobt habe. Er erzählte mir weiter, daß sie sich statt dieses sinnlosen Schrittes zur Flucht entschlossen hätten, um sicher und zufrieden in Mailand zu leben. Seine Frau, das Fräulein, habe sich schon eine Summe Geldes und einige Diamanten ihrer verstorbenen Mutter angeeignet, und sie wollten bei Anbruch der Nacht miteinander auf und davon gehen; da habe ihn der Graf gerufen, ihm einen Brief gegeben und ihn nach Venedig geschickt zur persönlichen Übergabe an den Empfänger. Der Junge sagte mir, der Graf habe so gütig und ruhig mit ihm gesprochen, daß er keinen Anlaß gehabt habe, Betrug zu wittern. Es sei ihm nur die Zeit geblieben, in sein Zimmer zu gehen und seinen Mantel zu holen, und er habe seiner Schönen nur im Vorbeigehen Ade gesagt und ihr versprochen, am nächsten Tag zurück zu sein, worauf sie in Ohnmacht gefallen sei. In weniger als acht Stunden sei er in Venedig eingetroffen, habe den Brief bei der Adresse abgegeben und die Antwort in Empfang genommen und sei ins Wirtshaus gegangen, um etwas zu essen und dann gleich wieder nach Vicenza zurückzureiten. Doch beim Verlassen des Lokals hätten ihn die Büttel ergriffen, auf die Wache geführt und dort festgehalten, bis sie ihn dahin brachten, wo er sich nun befand.

Er war ein hübscher, aufrichtiger, ehrlicher, über die Maßen verliebter Junge, dessen Gedanken allein dem Schicksal der kleinen Comtesse galten, die er mehr bedauerte als sich selbst; weinend fragte er mich, ob er sie als seine Frau betrachten dürfe, und ich erlebte seine Verzweiflung, als ich ihm sagte, das sei sie nicht. Er verteidigte seinen Fall gegen mich mit Argumenten aus dem Gesetzbuch der Natur, die ihm heilig und allmächtig erschienen, und ich glaube, er hielt mich für schwachsinnig, als ich erklärte, die Natur könne den Menschen nur zu Torheiten verleiten. Er glaubte, man werde noch einmal kommen, um ihm Essen und ein Bett zu bringen, aber ich klärte ihn auf und behielt recht.

Ich gab ihm etwas zu essen, aber er brachte nichts hinunter. Den ganzen Tag sprach er ständig weinend nur von seiner Geliebten; er erweckte mein tiefstes Mitleid, und das arme Mädchen hatte in meinen Augen recht getan. Wenn die Staatsinquisitoren unsichtbar in meiner Zelle zugegen gewesen wären und alles mitbekommen hätten, was der arme Junge zu mir sagte, so hätten sie ihn – ich bin mir noch heute sicher – nicht nur entlassen, sondern ohne Rücksicht auf Gesetz und Brauch verheiratet. Ich gab ihm meinen Strohsack, denn ich wollte keinen verliebten Jüngling in meinem Bett haben. Er begriff die Schwere seines Vergehens nicht und ebensowenig die Notwendigkeit für den Grafen, ihn unauffällig bestrafen zu lassen, um die Ehre der Familie zu retten.

Am nächsten Tag brachte man ihm einen eigenen Strohsack und eine Mahlzeit für die fünfzehn Soldi, die ihm das Gericht mildtätig zukommen ließ. Ich sagte dem Wärter, mein Essen reiche für uns beide, und er könne das, was das Gericht dem Jungen zuspreche, verwenden, um ihm wöchentlich drei Messen lesen zu lassen. Er übernahm das gern, gratulierte dem Jungen, daß er bei mir war, hieß ihn Respekt vor mir haben und sagte, wir dürften uns während der halben Stunde, die er brauchte, um die anderen Häftlinge versorgen zu lassen, auf dem Dachboden ergehen. Ich nahm diese Gunst an und stellte fest, daß der Rundgang ausgezeichnet für meine Gesundheit und entscheidend für meinen Fluchtplan war, der nun in elf Monaten heranreifte. Ich sah etlichen alten Hausrat, der rechts und links von zwei Kisten auf den Boden geworfen war, und dahinter einen großen Haufen gehefteter Blätter, von denen ich fünf oder sechs an mich nahm, um mich an ihrer Lektüre zu erfreuen. Es waren lauter Strafakten, die ich sehr erheiternd fand, ein neuartiger Lesestoff für mich: hochnotpeinliche Verhöre und bemerkenswerte Auskünfte über die Verführung von Jungfrauen und über verbotene Liebeshändel mit Erziehern, Beichtvätern, Lehrern und Patenkindern, manche zwei- oder dreihundert Jahre alt, deren Stil und Sitten mir recht angenehm ganze Tage vertrieben. Unter dem Hausrat, der auf dem Fußboden lag, erkannte ich einen Bettwärmer, einen Wasserkessel, eine Ofenschaufel, eine Feuerzange, zwei alte Kandelaber, irdene Töpfe und eine Klistierspritze aus Zinn. Ich sagte mir, irgendein angesehener Häftling habe anscheinend so viel Wohlverhalten gezeigt, daß er mit der Erlaubnis zum Gebrauch dieser Sachen ausgezeichnet wurde. Ich sah auch ein gerades, daumendickes Stück Eisen, einen Stab, der über anderthalb Fuß lang war. Nichts von alledem rührte ich an; die Zeit war noch nicht gekommen, irgendetwas davon haben zu wollen.

Eines schönen Morgens gegen Ende des Monats wurde mir mein Gefährte entrissen. Er war zu den *Die Vier* genannten Zellen verurteilt worden, die im Inneren des Gefängnisbaus liegen und den Staatsinquisitoren unterstehen. Die Häftlinge haben dort die Annehmlichkeit, die Wärter rufen zu können, wenn sie sie brauchen; die Zellen sind düster, aber es wird eine Lampe genehmigt: alles ist aus Marmor, so daß kein Brand zu befürchten ist.

Viel später habe ich erfahren, daß man den armen Jungen fünf Jahre dort festgehalten und anschließend nach Cerigo geschafft hat, dem einstigen Cythera, einer Insel ganz am Ende des griechischen Archipels, die der Republik Venedig gehört, die entfernteste aller Besitzungen des Großen Rates. Dorthin schickt man bis ans Ende ihrer Tage alle der Verführung Schuldigen, soweit nicht ihre gesellschaftliche Stellung Rücksicht verlangt. Die Insel ist nach der Sage die Heimat der Venus, und es ist bemerkenswert, daß die Venezianer sie zum Exil für die ganze Sippschaft der Göttin bestimmt haben, wenn auch zu ihren Unehren, während ihre Anbeter in der Antike dorthin wallfahrteten, um ihr zu huldigen und sich allen Genüssen hinzugeben. Ich bin im Jahre 1743 auf dem Weg nach Konstantinopel um das Kap dieser Insel herumgefahren und an Land gegangen, um das Elend anzuschauen, das freilich nichts daran ändert, daß die Luft dort geschwängert ist mit den köstlichsten Düften der Blumen und Kräuter, daß das Klima besonders milde ist, daß der dortige Muskat höher zu schätzen ist als der aus Zypern, daß die Frauen alle schön sind, und daß alle Bewohner dort vor Liebe brennen bis zum letzten Augenblick ihres Lebens. Alle zwei Jahre schickt die Republik einen anderen Adligen, der unter dem Titel eines Versorgers die Insel verwaltet, der sich aber selber zu versorgen hat und also nicht verfehlt, seinem Titel gerecht zu werden. Ich habe nie erfahren, ob der Junge dort gestorben ist; er hat mir gute Gesellschaft geleistet, was ich erst merkte, als ich, allein geblieben, wieder in meine Traurigkeit zurückfiel.

Das Vorrecht meiner halbstündigen Rundgänge auf dem Dachboden blieb mir, und ich erkundete alles, was es dort gab: die eine Kiste war gefüllt mit schönem Papier, Pappen, ungeschnittenen Gänsekielen und Bindfadenknäueln, die andere war vernagelt. Ein Stück polierten schwarzen Marmors, ein Zoll stark, sechs Zoll lang und drei Zoll breit, weckte mein Interesse; ich nahm es ohne besondere Absicht an mich und legte es in der Zelle unter meine Hemden.

Acht Tage nach dem Weggang des Jungen sagte mir Lorenzo, es sehe so aus, als bekäme ich einen neuen Gefährten. Dieser Kerl war im Grunde nur ein Schwätzer, der ungeduldig wurde, weil ich ihm keine Fragen stellte; seine wichtigste Aufgabe war, nicht zu plaudern, und da er bei mir nicht mit seiner Verschwiegenheit prahlen konnte, weil ich keinerlei Neugier zeigte, meinte er wohl, ich fragte ihn nach nichts, weil ich annähme, er wisse nichts. Davon fühlte er sich in seinem Selbstbewußtsein gekränkt, und um mir zu zeigen, daß ich mich täuschte, begann er ungefragt zu tratschen.

Er sagte, er glaube, ich würde jetzt häufig neuen Besuch bekommen, denn die anderen sechs Zellen seien alle mit zwei Personen besetzt, die nicht geeignet seien, in *Die Vier* gesteckt zu werden. Als er nach einer langen Pause merkte, daß ich ihn nicht fragte, worin denn diese Auszeichnung bestehe, sagte er, in den *Vier* seien durcheinander alle möglichen Leute untergebracht, deren Urteil zwar schon ergangen, aber ihnen noch unbekannt sei.

Er erzählte weiter, alle, die man wie mich in den Bleikammern ihm anvertraue, seien vornehmste Persönlichkeiten, die Verbrechen begangen hätten, die kein Neugieriger sich ausmalen könne. *Wenn Ihr wüßtet, mein Herr, wer Eure Schicksalsgenossen sind, Ihr wäret erstaunt! Denn es heißt zwar, daß Ihr ein Mann von Geist seid, aber halten zu Gnaden: Ihr wißt, daß es nicht genügt, Geist zu haben, um hier so behandelt zu werden ... Ihr versteht ... fünfzig Soldi pro Tag, das hat etwas zu bedeuten ... manchem Patrizier gibt man drei Lire; ich muß es ja wohl wissen, da doch alles durch meine Hände geht.* Hier schloß er sein Eigenlob an, und zwar mit lauter schlechten Eigenschaften; er sagte, er sei nicht betrügerisch, nicht brutal, nicht bösartig, nicht verlogen, nicht heimtückisch, nicht trunksüchtig, nicht geizig wie alle seine Vorgänger. Er meinte auch, wenn sein Vater ihn zur Schule geschickt hätte, hätte er Lesen gelernt und wäre jetzt mindestens *Messer grande*, denn Seine Exzellenz Andrea D..., seinerseits nach wie vor Staatsinquisitor, schätze ihn sehr. Er habe eine Frau, die erst vierundzwanzig sei; sie sei es, die mein Essen zubereite. Er sagte, ich würde das Vergnügen haben, alle Neuzugänge zu mir zu bekommen, aber alle nur für wenige Tage; denn sobald der Sekretär niedergeschrieben habe, was er aus ihrem eigenen Munde hören müsse, schicke er sie an den ihnen bestimmten Ort, entweder in *Die Vier* oder in eine Festung; wenn sie Ausländer seien, lasse er sie in das zugewiesene Exil eskortieren. *Die Großmut des Gerichts, lieber Herr, ist ohne Beispiel, und es gibt auf der Welt kein zweites, das seinen Häftlingen mehr Freuden und Annehmlichkeiten gönnt. Manche finden es grausam, daß es weder Briefe zu schreiben noch Besuch zu empfangen gestattet, aber das ist ganz töricht, denn Schreiben bringt nichts, und Besuche sind Zeitverschwendung. Ihr werdet sagen, Ihr hättet nichts zu tun; doch die Wärter können das nicht behaupten.*

So ungefähr lautete die erste Ansprache, mit der mich dieser Henker beehrte und die mich im Grunde belustigte. Ich kam zu dem Schluß, daß ich einen viel weniger dummen und viel bösartigeren Wärter hätte haben können, und ich machte mir einige Gedanken, welchen Nutzen ich aus seiner Dummheit ziehen konnte.

Am anderen Morgen brachte man mir einen neuen Leidensgefährten, den man am ersten Tag behandelte wie den jungen Kammerdiener; ich lernte, daß ich stets auf einen unerwarteten Tischgast gefaßt sein, also stets einen weiteren elfenbeinernen Löffel bereithalten mußte.

Der heutige Besuch, dem ich mich denn auch gleich zeigte, verneigte sich tief vor mir. Mein Bart war noch eindrucksvoller als meine Körpergröße; er war schon vier Zoll lang, und ich hatte mich an ihn gewöhnt wie ein Kapuziner. Lorenzo lieh mir oft eine Schere zum Schneiden der Fußnägel, aber meinen Bart durfte ich bei schwerer Strafe nicht stutzen, und ich dachte nicht daran, mich dem Verbot zu widersetzen.

Mein Neuankömmling war ein Mann von fünfzig Jahren, so groß wie ich, ein wenig gebeugt, hager, mit großem Mund und langen Zähnen, kleinen dunkelbraunen Augen, buschigen roten Brauen und rund geschnittenem schwarzen Haupthaar. Er war in grobes graues Tuch gekleidet. Obwohl er mein Essen angenommen hatte, gab er sich zurückhaltend; den ganzen Tag sagte er kein Wort zu mir, und ich hielt es ebenso. Doch am zweiten Tag änderte er sein Verhalten. Man brachte ihm frühmorgens ein Bett, das ihm gehörte, und Wäsche in einem Beutel. Mein armer erster Gefährte hätte ohne mich nicht einmal das Hemd wechseln können. Der Wärter sagte zu dem Mann, er habe schlecht daran getan, kein Geld einzustecken; der Sekretär habe ihn angewiesen, ihm nur Wasser und Kommissbrot, das heißt *biscotto*, zu bringen; der Mann seufzte und erwiderte nichts. Als wir allein waren, sagte ich zu ihm, er könne mit mir essen, worauf mir der schändliche Geizhals die Hand küßte und folgendes erzählte:

Mein Name ist Sgualdo Nobili. Ich bin der Sohn eines Bauern, der mich zur Schule schickte, wo ich Lesen gelernt habe, und der mir bei seinem Tode ein Häuschen mit einem kleinen Stück Land hinterließ. Ich komme aus dem Friaul, eine Tagesreise hinter Udine. Ein Bach namens *Corno*, der meinen kleinen Besitz immer wieder verwüstete, bewog mich vor zehn Jahren, mein Hab und Gut zu verkaufen und mich in Venedig niederzulassen. Der Kauferlös war achttausend venezianische Lire in schönen Zechinen. Ich hatte mir sagen lassen, daß in der Hauptstadt dieser ruhmreichen Republik jeder in allen Ehren Freiheit genießt, und daß ein regsamer Mann mit einem Kapital wie dem meinigen hier recht angenehm und ohne sich abzuplagen leben könne, indem er Geld auf Pfänder ausleihe. Im Vertrauen auf meine Sparsamkeit, meine Menschenkenntnis und meine Lebensart entschloß ich mich, diesen Beruf auszuüben. Ich mietete und möblierte ein kleines Haus am *Cannaregio*; zwei Jahre lebte ich völlig ungestört, allein, ohne einen Diener zu benötigen, mein Essen selber zubereitend, und war am Ende um zweitausend Lire reicher, denn wiewohl ich gut leben wollte, hatte ich doch nur tausend Lire für meinen Unterhalt ausgegeben. Ich war sicher, in kurzer Zeit zwanzigmal reicher zu werden. Damals bat mich ein Jude, ihm zwei Zechinen auf etliche schön gebundene lateinische Bücher zu geben, unter denen ich auch ein italienisches mit dem Titel *la Saggezza* von Charron entdeckte. Ich war nie fürs Lesen gewesen, hatte nie die christlichen Lehren studiert, aber ich muß Euch gestehen, daß diese *Saggezza*, die ich nun doch lesen wollte, mir bewiesen hat, wie verkehrt es ist, sich nicht durch Lesen aufklären zu wollen. Dieses Buch, das Ihr vielleicht nicht kennt, mein Herr, übertrifft alle anderen; wenn man es gelesen hat, weiß man, daß man keine anderen zu lesen braucht, denn es enthält alles, was einem Menschen zu wissen wichtig sein kann; es reinigt ihn von den in der Jugendzeit erworbenen Vorurteilen, nimmt ihm die Furcht vor seiner Zukunft, öffnet ihm die Augen für alles und liefert ihm am Ende das wahre Mittel, um Glück und tiefe Weisheit zu erwerben. Wenn Ihr jemals von hier wegkommt, besorgt Euch diese Lektüre, und Ihr werdet immerdar den Menschen lieben, der sie Euch empfohlen hat; und wenn Euch jemand sagt, das Buch sei verboten, so sagt ihm, er sei ein Narr.

Aus dieser Rede ersah ich, wes Geistes Kind er war, denn ich kannte das französische Original des Buches, wußte nur nicht, daß es übersetzt worden war. Allerdings: welchen Büchern würde man diese Ehre in Venedig nicht erweisen! Charron war ein Freund und Bewunderer von Montaigne und glaubte sein Vorbild zu übertreffen. Er hat bei den Literaten nie die geringste Anerkennung gefunden, denn als schlechter Naturwissenschaftler denkt er nicht logisch. Er hat verschiedene Dinge, die bei Montaigne ungeordnet niedergeschrieben sind, methodisch gegliedert;

von dem großen Mann hingeworfen schienen sie ohne Tadel zu sein, aber Charron, dem Priester und Theologen, hat man sie zu Recht nicht durchgehen lassen: er wurde nicht gelesen und geriet in Vergessenheit. Der unbedarfte italienische Übersetzer hat nicht einmal gewußt, daß *saggezza* ein ungebräuchliches Wort ist, eine schlechte Entsprechung zu *saviezza*. Es hätte *sapienza* heißen müssen. Charron war so töricht, seinem Buch den Titel des Buches Salomonis zu geben. Mein Gefährte fuhr fort:

Nachdem mich Charron von etlichen Bedenken und allen überholten falschen Vorstellungen befreit hatte, betrieb ich mein Geschäft so eifrig, daß ich in sechs Jahren ein Vermögen von neuntausend Zechinen hatte. Das darf Euch nicht wundern, denn diese Stadt ist zwar sehr reich, aber Glücksspiel, Ausschweifung und Müßiggang bewirken allseits ungeordnete Verhältnisse und Geldnot, und die Weisen erwerben, was die Narren verschwenden.

Vor drei Jahren machte ein Graf Ser... meine Bekanntschaft; und da er gesehen hatte, wie sparsam ich war, bat er mich, fünfhundert Zechinen von ihm zu nehmen, in mein Geschäft zu stecken und ihm die Hälfte des Ertrags zu geben. Er verlangte nur eine einfache Quittung, mit der ich mich verpflichtete, ihm gegen Vorlage den Betrag auszuhändigen. Bei Ablauf des ersten Jahres gab ich ihm fünfundsiebzig Zechinen, also fünfzehn Prozent; die quittierte er mir, aber er zeigte sich unzufrieden. Das war nicht recht, denn sein Geld hatte mir nichts eingebracht; ich hatte immer nur mit meinem gehandelt. Im zweiten Jahr hielt ich es aus purer Großmut ebenso, und es kam zwischen uns zu bösen Worten, so daß er die Rückerstattung des Betrags von mir verlangte. Ich antwortete ihm, ich würde die hundertfünfzig Zechinen, die ich ihm ausgezahlt hatte, abziehen; er wurde wütend und ging weg, und am Tag darauf ließ er mir einen Zahlungsbefehl über den ganzen Betrag zustellen. Ein geschickter Anwalt übernahm meine Verteidigung und erreichte, daß zwei Jahre verstrichen, ohne daß ein Urteil zustandekam. Vor drei Monaten bot man mir einen Vergleich an, den ich ablehnte. Weil ich ein gewaltsames Vorgehen befürchtete, wandte ich mich an den Herrn Abate Giust..., der mir die Erlaubnis des spanischen Gesandten, des Herzogs von Mont... verschaffte, auf sein Palaisgrundstück zu ziehen, wo man gegen alle Überraschungen gefeit ist. Ich wollte dem Grafen Ser... sein Geld ja wiedergeben, aber ich erhob Anspruch auf hundert Zechinen Ausgaben für den Prozeß, den er gegen mich angestrengt hatte. Nun war gerade vor acht Tagen mein Anwalt zusammen mit dem des Grafen bei mir, und ich zeigte ihnen die zweihundertfünfzig Zechinen in einem Beutel, die ich ihm zu geben bereit war, nicht einen Soldo mehr. Unzufrieden zogen sie beide ab.

Vor drei Tagen ließ mir der Herr Abate Giust... ausrichten, der Herr Gesandte habe es für gut befunden, den Staatsinquisitoren zu gestatten, mir ihre Leute für eine Vollstreckung ins Haus zu schicken. Ich wußte nicht, daß es diese Möglichkeit gab. Ich erwartete den Besuch ganz getrost, weil ich mein ganzes Geld an einen sicheren Ort gebracht hatte. Ich hätte nie geglaubt, daß der Gesandte ihnen gestattet haben könnte, sich meiner Person zu bemächtigen, wie sie es dann taten. Bei Tagesanbruch trat der *Messer grande* bei mir ein und verlangte dreihundertfünfzig Zechinen; auf meine Antwort, ich hätte keinen Soldo, ließ er mich in eine Gondel bringen, und nun bin ich hier.

Nach dieser Erzählung machte ich mir einige Gedanken über den schändlichen Kerl, den man da zu mir gelegt hatte. Ich fand seine Inhaftierung sehr berechtigt und den Botschafter für die Auslieferung zu loben. Der Mann verbrachte die vollen drei Tage, die man ihn bei mir ließ, in seinem Bett; es herrschte allerdings auch strenge Kälte. Er belästigte mich ständig mit Reden, in denen fortwährend Charron vorkam. Damals erkannte ich die Wahrheit des Wortes: *Guardati da colui che non ha letto che un libro solo*. Ich verwünschte Charron und alle Wucherer.

Am vierten Tage kam Lorenzo eine Stunde nach *Terza*, öffnete die Zelle und befahl dem Geizhalz Nobili, mit ihm zum Verhör bei dem Herrn Sekretär hinunterzugehen. Ich trat mit Lorenzo heraus, um ihn allein zu lassen; eine Viertelstunde später sah ich ihn erscheinen mit meinen Schnallen statt den seinen. Es hätte nahegelegen, ihn nach dem Grund zu fragen, doch in den Bleikammern fällt einem alles erst nach einer Bedenkzeit ein; ich sagte nichts, und sie gingen hinunter. Lorenzo ließ die Zelle offen und schloß die anderen Türen. Eine halbe Stunde später sah ich sie wieder, und Nobili weinte. Lorenzo belustigte mich, indem er mich ersuchte, ihm alles Geld auszuhändigen, das dieser Mensch mir gegeben habe. Nobili ging in die Zelle und kam sogleich wieder heraus, in den Händen seine Schuhe, aus denen er zwei kleine Beutel mit Zechinen holte; die brachte er nun, hinter Lorenzo hergehend, zum Sekretär. Dann kamen sie zurück, und der Wucherer zog seine sehr erleichterten Schuhe und seine eigenen Schnallen an; er nahm Mantel und Hut und ging davon, zusammen mit Lorenzo, der mich diesmal einschloß. Am Tag darauf ließ Lorenzo seine Sachen abholen und erzählte mir, der Sekretär habe, sobald er den Geldbetrag ausgehändigt bekommen habe, den Schelm freigelassen. Ich habe nichts mehr von ihm gehört und auch nie erfahren, welche Mittel der Sekretär eingesetzt hat, um den Schurken zu dem Geständnis zu bringen, daß er den Betrag bei sich hatte; vielleicht hat er ihm die Folter angedroht, und als Drohung mag sie ja ihr Gutes haben.

Am Neujahrstag 1756 bekam ich Geschenke. Lorenzo brachte mir einen mit schönem Fuchspelz gefütterten Hausmantel, eine seidene Decke mit Baumwollfüllung und einen Sack aus Bärenfell zum Füßewärmen in der grausamen Kälte, unter der ich ebenso furchtbar litt wie unter der Hitze im August. Während er mir das alles übergab, richtete er mir vom Sekretär aus, ich könne monatlich über sechs Zechinen verfügen, um mir alle Bücher, die ich wünschte, und auch Zeitungen besorgen zu lassen; das Geschenk mache mir Herr von Br...

Ich bat Lorenzo um seinen Stift und ein Stück Papier und schrieb: *ich bin dankbar für die Milde des Gerichts und die Tugend des Herrn von Br...* Man muß in meiner Lage gewesen sein, um die Gefühle zu verstehen, die dieses Geschehnis in meiner Seele erweckte: in einer starken Gemütsaufwallung habe ich meinen Unterdrückern verziehen und meinen Fluchtplan so gut wie aufgegeben, so gutmütig ist der Mensch, so schwach und unterwürfig macht ihn das Unglück. Doch das durch solche Behandlung hervorgerufene Gefühl schwindet schon bald nach seiner Entstehung. Ungeachtet der Bücher, die ich mir nun verschaffte, blieb das Vorhaben in meinem Geiste lebendig, und ich brachte damit auch die Gegenstände in Verbindung, die ich bei meinem kleinen Ausgang sah, den ich morgens im Dachboden machen durfte.

Lorenzo erzählte mir, Herr von Br... habe persönlich bei den Staatsinquisitoren vorgesprochen und sie auf den Knien um die Gnade gebeten, mir ein Zeichen seiner vertrauensvollen Freundschaft schicken zu dürfen, wenn ich noch unter den Lebenden sei, und sie hätten ihm gewährt, was er erbeten habe.

Eines Morgens waren meine Augen wieder an dem langen Eisenstab hängen geblieben, der mit anderem alten Hausrat am Boden lag. Ich betrachtete ihn als Angriffs- und Verteidigungswaffe. Ich hob ihn auf, versteckte ihn unter meinem Rock und brachte ihn in meine Zelle. Als ich allein war, untersuchte ich ihn genau; wenn ich ihn mir scharf zugespitzt vorstellte, sah ich, daß er eine vielseitig anwendbare Stoßklinge abgeben würde, eine Art Pike. Ich holte das schwarze Marmorstück, mein erstes Diebesgut, und stellte fest, daß es ein vortrefflicher Schleifstein war; ich rieb das Ende des Stabes lange an dem Marmor und sah, daß sich eine scharfe Kante bildete.

Ich wurde neugierig durch die ausgefallene Arbeit, die ich zum ersten Mal tat und bei der ich mich von der Hoffnung beflügelt fand, einen Gegenstand zu besitzen, der hier drinnen streng verboten sein mußte; zugleich wurde ich ermutigt durch den Stolz, eine Waffe herstellen zu können ohne das zu ihrer Verfertigung notwendige Werkzeug; ich wurde angespornt gerade durch die Schwierigkeiten, die sich dem Werk entgegenstellten. Bis zum Dunkelwerden mußte ich den Stab auf dem Vorsprung reiben und konnte dabei den Stein nur mit der linken Hand festhalten; ich hatte kein Öl zum Befeuchten, und das Eisen, das ich scharf machen wollte, wurde eher rund. Bei alledem habe ich, nur mit Hilfe meines Speichels, in vierzehntägiger Arbeit acht pyramidenförmig zulaufende Kanten geschliffen, die am Ende eine tadellose Spitze bildeten; die Kanten waren anderthalb Zoll lang. So war ein achteckiges Stilett von guten Proportionen entstanden, wie man es von einem ordentlichen Werkzeugmacher nicht besser hätte verlangen können. Die Mühe und Schinderei, die ich auf mich nahm, und die Geduld, die ich für eine so unangenehme Arbeit ohne ein anderes Werkzeug als einen herumliegenden Stein aufbringen mußte, kann man sich nicht vorstellen; es war für mich eine Quälerei *quam siculi non invenere tyranni.* Ich konnte meinen rechten Arm nicht mehr bewegen, und meine Schulter war wie ausgerenkt. Meine Handfläche war nach dem Platzen der Blasen eine einzige Wunde geworden, aber trotz den Schmerzen unterbrach ich meine Arbeit nicht: sie sollte untadelig sein. In meinem Stolz auf das Werkstück, und ohne noch entschieden zu haben, wie und wozu ich es verwenden könnte, war ich darauf bedacht, es an einem Ort zu verstecken, wo es auch einer Durchsuchung entgehen könnte. Ich verfiel darauf, es in die Polsterung meines Sessels zu schieben, aber nicht von oben, wo man unter dem Kissen den Abdruck als Unebenheit hätte sehen können, sondern von der Unterseite des Sessels. Ich stieß den Stab ganz hinein, so daß man ihn nur finden konnte, wenn man wußte, daß er dort war.

So verschaffte mir Gott, was ich zu einer Flucht benötigte, die bewundernswert, aber nicht wunderbar werden sollte. Zugegeben, ich bilde mir etwas darauf ein, sie vollbracht zu haben, aber ich darf dem Leser versichern: mein Eingebildetsein bezieht sich nicht darauf, daß ich Erfolg hatte, denn da war das Glück sehr beteiligt, sondern darauf, daß ich die Sache als durchführbar erkannt und den Mut gehabt habe, sie zu unternehmen.

Nach drei oder vier Tagen Nachdenken, welchen Gebrauch ich von meinem Stab machen könnte – er war ja nun zu einer spazierstockdicken und zwanzig Zoll langen Pike geworden, deren schöne scharfe Spitze mir bewies, daß man Eisen nicht erst zu Stahl verarbeiten muß, um es so zu formen –, wurde mir klar, daß es darauf ankam, unter meinem Bett ein Loch in den Fußboden meiner Zelle zu machen.

Ich wußte, daß der Raum unter mir nur der sein konnte, wo ich mit Herrn von Cavalli zusammengetroffen war. Ich wußte, daß dieser Raum jeden Morgen aufgeschlossen wurde, und ich wußte, daß ich mich, wenn das Loch fertig war, ohne weiteres hinunterlassen konnte mit Hilfe meiner Bettücher, aus denen ich eine Art Tau machen mußte, dessen oberes Ende ich an einem der Bettpfosten befestigen würde. Unten in dem Raum würde ich mich unter dem großen Sitzungstisch versteckt halten, und sobald ich am Morgen die Tür offen sehen würde, wollte ich hinaus; bevor man mir nachsetzen könnte, wäre ich schon an einem sicheren Ort. Ich stellte mir vor, daß Lorenzo vermutlich in diesem Raum einen seiner Wärter als Wache postierte; den würde ich sofort töten, indem ich ihm meine Pike in die Kehle rammte. Ich hatte mir alles gut zurechtgelegt; die Schwierigkeit bestand nur darin, daß das Loch nicht an einem Tag oder in einer Woche entstehen konnte. Ich sah vor mir, daß der dicke Bretterboden doppelt oder dreifach sein und mich einen oder zwei Monate lang beschäftigen konnte; ich mußte also einen Weg finden, die Büttel daran zu hindern, während dieser ganzen Zeit die Zelle zu fegen; das konnte ihren Verdacht erregen, zumal ich zur Vertreibung der Flöhe verlangt hatte, sie sollten jeden Tag fegen. Sie wären mit dem Besen an das Loch geraten. Ich mußte vollkommen sicher gehen, daß ein solches Unglück nicht geschah. Es war Winter, und die Flöhe plagten mich nicht.

Ich verlangte zunächst einmal, daß nicht gefegt werde; einen Grund gab ich nicht an. Ein paar Tage später fragte mich Lorenzo, warum ich nicht gefegt haben wollte; ich entgegnete, der aufgewirbelte Staub schlage mir auf die Lunge, verursache mir Husten und könne mir tödliche Geschwüre verursachen. *Wir wollen*, sagte Lorenzo, *Wasser auf den Fußboden gießen.* – Ich erwiderte: *Nur ja nicht, die Feuchtigkeit kann zu Wassersucht führen.* Darauf schwieg er. Aber eine Woche später fragte er mich nicht um Erlaubnis, ausfegen zu lassen, er befahl es, ließ sogar das Bett hinaustragen und zündete unter dem Vorwand, überall sauber machen lassen zu wollen, eine Kerze an. Ich ließ ihn mit gleichgültiger Miene gewähren, aber ich sah, daß das Geschehen von einem Verdacht ausgelöst war.

Ich überlegte nun, wie ich mein Vorhaben absichern könnte. Einen Tag darauf machte ich mein Schnupftuch blutig, indem ich mir in den Finger stach, und erwartete Lorenzo im Bett. Ich sagte ihm, ich hätte Husten bekommen und Blut gespuckt und benötige einen Arzt. Am anderen Morgen verordnete mir der Arzt, überzeugt oder nicht, einen Aderlaß und schrieb ein Rezept. Ich hatte ihm gesagt, die Ursache meines Unglücks sei die Rücksichtslosigkeit Lorenzos, der trotz meiner Vorhaltungen unbedingt fegen lassen wollte. Der Arzt machte Lorenzo Vorwürfe, und der Tölpel beteuerte, er habe geglaubt, er tue mir einen Gefallen; er schwor, er werde nicht mehr fegen lassen, und wenn ich zehn Jahre dableiben sollte. Darauf sagte ich kühl, man werde wieder fegen, wenn die Jahreszeit der Flöhe gekommen sei. Der Arzt erzählte nun von einem jungen Mann, der vor ein paar Tagen an einer Lungenkrankheit gestorben sei, und zwar einzig und allein, weil er den Friseurberuf habe ausüben wollen; er setzte hinzu, er sei überzeugt, daß Pulver und Staub, die man einatme, nicht wieder ausgeatmet werden. Ich lachte verstohlen, weil sich der Arzt fast so verhielt, als stecke er mit mir unter einer Decke. Die bei diesem Vortrag anwesenden Büttel waren glücklich über die Belehrung und nahmen unter ihre guten Taten die auf, daß sie künftighin nur die Zellen derjenigen ausfegen würden, die sie schlecht behandelten.

Nach dem Weggang des Arztes bat mich Lorenzo um Verzeihung und versicherte mir, alle seine anderen Häftlinge seien wohlauf, obwohl ihre Zimmer (er sprach von Zimmern) täglich gefegt würden; er werde sie aber über diesen wichtigen Punkt aufklären, denn er als Christenmensch betrachte uns alle als seine Kinder. Der Aderlaß übrigens war angebracht; er verhalf mir wieder zum Schlaf und befreite mich von den spastischen Zuckungen, die mir Angst machten. Späterhin habe ich mich alle vierzig Tage zur Ader schlagen lassen.

Ich war einen wichtigen Schritt weiter, aber die Zeit, mein Werk zu beginnen, war noch nicht gekommen. Die Kälte war grimmig, und meine Hände konnten die Pike nicht halten, ohne eiskalt zu werden; hätte ich mit Handschuhen gearbeitet, so hätte ich täglich einen aufgearbeitet, und hätte man diesen Handschuh gesehen, so hätte man etwas ahnen können. Mein Unternehmen verlangte einen vorausschauenden Geist, der entschlossen war, alles zu vermeiden, was sich vermeiden ließ, der kühn und furchtlos genug war, um dem Zufall anheimzustellen, was vorgesehen war, aber auch fehlschlagen konnte. Wer so handeln muß, ist in einer äußerst unglücklichen Lage, doch eine zutreffende politische Berechnung besagt, daß man für das Ganze alles aufs Spiel setzen muß.

Die endlosen Winternächte brachten mich zur Verzweiflung.

Ich mußte neunzehn tödliche Stunden in vollständiger Finsternis verbringen, und an Nebeltagen, die in Venedig nicht selten sind, war das Licht, das durch die Dachluke drang, nicht hell genug für mein Buch. Da ich nicht lesen konnte, vertiefte ich mich etwas zu sehr in meinen Fluchtgedanken. Ein Gehirn, das sich immer mit einem einzigen Gedanken beschäftigt, gerät leicht an den Rand des Wahnsinns.

Ich sah das höchste Glück im Besitz einer Öllampe und war sehr froh, als ich auf eine List gesonnen und die Möglichkeit gefunden hatte, mir eine zu verschaffen. Für die Herstellung einer solchen Lampe kam es darauf an, die dazu erforderlichen Bestandteile zu besorgen. Ich brauchte ein Gefäß, Dochte aus Wolle oder Baumwolle, Öl, Feuerstein, Reibfläche, Schwefelhölzchen und Zunder. Das Gefäß konnte ein Tontöpfchen sein, in dem man mir mit Butter angemachte Rühreier brachte; ich behielt eines zurück und versteckte es. In den Besitz von Öl brachte ich mich, indem ich sagte, das gewöhnliche, mit dem man meinen Salat anmachte, sei schlecht, was es auch wirklich war; man machte keine Schwierigkeiten, mir Öl aus Lucca zu besorgen und mir jeden Tag Salat zu bringen; ich aß ihn aber nicht, um das Öl zu sparen. Aus meiner gefütterten Bettüberdecke holte ich Baumwolle, die ich trocken zusammendrehte, um mir Dochte zu machen; sie waren so gut gedreht, daß ich selber staunte, sie fertigbekommen zu haben.

Nun tat ich so, als quälten mich heftige Zahnschmerzen; ich sagte zu Lorenzo, er solle mir Bimsstein bringen. Er wußte nicht, was das war, und so verlangte ich statt dessen Feuerstein, von dem ich behauptete, er wirke genauso, wenn man ihn einen Tag lang in starken Essig lege und dann auf den Zahn drücke; er werde meine Schmerzen lindern. Wie erwartet sagte Lorenzo, der Essig, den er gebracht habe, sei ausgezeichnet; ich könne den Stein selber hineinlegen; er gab mir gleich zwei oder drei Steine, die er in der Tasche hatte. Eine stählerne Schnalle, die ich am Gürtel meiner Kniehose hatte, ergab eine ausgezeichnete Reibfläche. Jetzt fehlten noch die Schwefelhölzer und der Zunder; deren Besorgung machte mir Kopfzerbrechen; doch mit gehörigem Nachdenken kam ich darauf, und das Glück war mir günstig.

Fleckenausschlag, der mich gelegentlich befiel und mir einen sehr lästigen Juckreiz am ganzen Körper verursachte, zeigte sich, und ich ließ Lorenzo bitten, dem Arzt einen Brief zu bringen, in dem ich ihn um ein rasch wirksames Mittel bat. Am Tag darauf brachte er mir die Antwort, die er dem Sekretär zu lesen gegeben hatte und die nur aus zwei Zeilen bestand: *Fasten und vier Unzen Süßmandelöl, schon geht alles weg; oder eine Einreibung mit Schwefelblütensalbe, aber das ist ein gefährliches Mittel.* Ich war so hochbeglückt, daß ich beinahe meine gleichmütige Miene verloren hätte. *Die Gefahr,* sagte ich, *schreckt mich nicht; kauft mir Schwefelblütensalbe und bringt sie mir morgen, oder gebt mir Schwefel, ich habe hier Butter und mache mir die Salbe dann selbst. Habt Ihr Schwefelhölzer? So gebt sie mir.* Er nahm aus seinem Täschchen alle, die er hatte, und gab sie mir. Großer Gott! Wie einfach ist man zu trösten, wenn man im Elend steckt!

Ich verbrachte zwei oder drei Stunden mit dem Nachdenken darüber, was ich statt Zunder nehmen könnte, der einzigen Zutat, die mir noch fehlte, und kam nicht darauf, unter welchem Vorwand ich mir welchen beschaffen könnte. Als ich schon daran verzweifeln wollte, fiel mir ein, daß ich meinem Schneider aufgetragen hatte, meinen Taftrock unter den Achseln mit Zunderschwamm zu füttern und mit Wachstuch abzudecken, um Schweißflecken zu vermeiden, die meistens, vor allem im Sommer, an dieser Stelle die Fräcke verderben. Dieser Taftrock, den ich nur vier Stunden und ohne zu schwitzen getragen hatte, befand sich hier bei mir. Mein Herz schlug heftig; der Schneider hätte ja meine Anweisungen vergessen haben können. Ich wagte nicht aufzustehen und die zwei Schritte zu tun, um als erstes nachzusehen, ob der Zunderschwamm da war; er war das einzige, was mir zu meinem Glück fehlte, und ich hatte Angst, ihn nicht zu finden und von dem Fehlschlag, der mich einer so teuren Hoffnung berauben würde, zuschanden zu werden. Schließlich mußte ich mich doch entscheiden. Ich nähere mich dem Bord, auf dem mein Frack liegt. Doch plötzlich empfinde ich mich einer solchen Gnade nicht würdig, werfe mich auf die Knie und flehe zu Gott, er möge in seiner unendlichen Güte den Schneider meine Anweisungen nicht vergessen haben lassen. Nach diesem inbrünstigen Gebet breite ich meinen Frack aus, trenne das Wachstuch auf und finde den Zunderschwamm. Meine Freude war groß, und es war ganz natürlich, daß ich Gott dankte, weil ich im Vertrauen auf seine Güte nach dem Zunder gesucht hatte; ich tat es aus überströmendem Herzen.

Beim Nachdenken über dieses Dankgebet habe ich mich nicht töricht gefunden; dagegen kam mir das Gebet töricht vor, das ich zum Herrn aller Dinge gesprochen hatte, bevor ich nachsah. Ich hätte das Gebet nicht verrichtet, bevor ich in die Bleikammern gebracht worden war, und auch heute würde ich es nicht tun; aber der Entzug der körperlichen Freiheit schwächt die Kraft der Seele. Man darf Gott um Gnade bitten, aber man darf ihn nicht bitten, den Lauf der Natur durch Wunder zu ändern. Es war ja klar, daß ich den Zunder, wenn ihn der Schneider nicht unter die Achseln getan hatte, nicht vorfinden würde, und es war ebenso klar, daß ich ihn finden würde, wenn der Schneider ihn hingetan hatte. Der Sinn meines ersten Gebetes zu Gott konnte nur sein, daß ich meinte: Herr, laß mich den Zunder finden, auch wenn ihn der Schneider nicht hingetan haben sollte; und wenn er ihn hingetan hat, laß ihn nicht verschwinden. So mancher Theologe würde ein solches Gebet sogar fromm, heilig und höchst angebracht finden, weil es auf die Kraft des Glaubens gegründet wäre, und er hätte recht, so wie ich als Nichttheologe recht habe, es absurd zu finden. Im übrigen brauche ich kein besonders großer Theologe zu sein, um mein Dankgebet richtig zu finden: ich dankte dem Allmächtigen, daß der Schneider daran gedacht hatte; und mein Dankgebet war richtig nach den Regeln einer sehr gesunden Philosophie.

Kaum sah ich mich im Besitz des Zunders, tat ich Öl und einen Docht in einen Topf und zündete es an. Welch ein Vergnügen, welch eine Befriedigung, diese Wohltat allein sich selbst zu verdanken und eine der grausamsten Anordnungen zu übertreten, die ich je erlebt hatte! Es gab keine Nächte mehr für mich. Ade, Salat, ich mochte ihn wirklich gern, aber ich trauerte ihm nicht nach, ja, ich meinte, das Öl sei nur dazu da, zu leuchten, und es sei ein Mißbrauch der göttlichen Gabe, es zu einem anderen Zweck zu gebrauchen. Ich beschloß, mit dem Durchbrechen des

Fußbodens am ersten Fastenmontag zu beginnen, denn in den ausgelassenen Tagen des Karneval mußte ich mit Besuch rechnen.

Meine Vorsicht war begründet. Am Karnevalsonntag um die Mittagszeit hörte ich das Geräusch der Riegel; es erschien Lorenzo mit einem sehr dicken Menschen, in dem ich gleich den Juden Gabriel Schalon erkannte, der berühmt war für seine Kunst, jungen Leuten mit schlechten Geschäften das Geld aus der Tasche zu ziehen. Wir kannten uns, und so entsprach unsere Begrüßung den Umständen. Die Gesellschaft dieses Mannes war nicht dazu angetan, mich zu erfreuen, doch es hieß Geduld haben. Er wurde eingeschlossen. Zwar sagte er noch zu Lorenzo, er solle zu ihm nach Hause gehen, um ihm sein Essen, ein Bett und alles Erforderliche zu bringen, doch dieser erwiderte, darüber könnten sie am nächsten Tage sprechen.

Der Jude war unwissend, schwatzhaft und dumm, außer in seinem Beruf; als erstes gratulierte er mir, daß man mich allen anderen vorgezogen habe, ihn zum Gefährten zu bekommen. Als einzige Antwort bot ich ihm die Hälfte meines Essens an; er lehnte ab mit den Worten, er esse nur koscher und wolle warten, bis er daheim zur Nacht speise; es sei ja nicht anzunehmen, daß man einem Mann wie ihm Bett und Essen vorenthalte, wenn man nicht die Absicht habe, ihn alsbald wieder zu entlassen. Ich sagte ihm, mit mir sei man ebenso verfahren, und er entgegnete in aller Bescheidenheit, es sei doch ein Unterschied zwischen ihm und mir. Er sagte ganz unverhohlen, die Staatsinquisitoren hätten sich gewiß geirrt, als sie seine Verhaftung anordneten; inzwischen müßten sie es gemerkt haben und wüßten nur nicht recht, wie sie ihren Fehler gutmachen sollten. Ich sagte, vielleicht werde man ihm eine Pension aussetzen, denn er verdiene alles andere als diese Haft, sei er doch ein Gläubiger des Staates. Er fand, ich habe ganz recht, denn er sei mit seinem Maklerberuf die Seele des Binnenhandels und habe unter der Hand den fünf weisen Handelsherren sehr nützliche Ratschläge gegeben. *Dieser Zwischenfall*, sagte er, *wird Euer Glück bedeuten; denn ich gebe Euch mein Ehrenwort, daß ich Euch vor Ablauf eines Monats hier heraushole. Ich weiß, an wen ich mich dafür zu wenden habe, und wie.* Ich erwiderte, daß ich auf ihn zählte. Man mußte dem Geschwätz dieser dummen

Kreatur, die sich wirklich für eine wichtige Person hielt, freien Lauf lassen. Er wollte mir, ohne daß ich ihn danach gefragt hätte, hinterbringen, was die Leute über mich sprachen, und langweilte mich damit, weil er mir nur berichtete, was man in den Unterhaltungen der größten Dummköpfe der Stadt schwatzen mochte. Ich griff nach einem Buch, um mich abzulenken, aber er ließ mich nicht zum Lesen kommen; seine Leidenschaft war das Reden, und zwar stets von sich.

Ich wagte nicht, meine Lampe anzuzünden; da die Dunkelheit bevorstand, fand er sich bereit, Brot und ein Glas Zypernwein anzunehmen, was ich ihm ja doch anbieten mußte, ebenso wie meinen Strohsack, der zum Nachtlager für alle Neuankömmlinge geworden war. Am nächsten Tage brachte man ihm ein Bett, Wäsche und zu essen aus dem Ghetto.

Ich hatte diese bedrückende Last fast drei Monate zu ertragen, weil der Gerichtssekretär, bevor er ihn in *Die Vier* schicken konnte, ihn mehrmals verhören mußte, um Klarheit über seine Gaunereien zu gewinnen und ihn zu zwingen, rechtswidrige Verträge aufzulösen, die er zu seinem allzu großen Vorteil geschlossen hatte. Er gestand mir selbst, daß er von N. H. Dom. Mich. Renten gekauft hatte, die erst nach dem Tode seines Vaters, Ritter Ant..., in den Besitz des Käufers übergehen konnten. Er fügte hinzu, daß der Verkäufer dabei hundert Prozent einbüßte, man müsse aber bedenken, daß er, der Käufer, alles verloren haben würde, wenn der Sohn vor dem Vater gestorben wäre.

Als ich sah, daß dieser üble Genosse nicht ging, entschied ich mich, meine Lampe anzuzünden; er versicherte, er werde niemandem etwas davon sagen; der Schwätzer hat aber nur bis zu seinem Weggang Wort gehalten: Lorenzo hat davon erfahren; das blieb allerdings ohne Folgen.

Die Gesellschaft dieses Menschen bereitete mir größten Kummer: ich konnte nicht an meinem Vorhaben arbeiten. Eingebildet, großspurig, ängstlich, zeitweise verzweifelt wie er war, verlangte er unter Tränen, ich müsse ihm lauthals zustimmen, wenn er mir bewies, daß diese Haft seinen Ruf vernichte. Ich sagte ihm, für seinen Ruf habe er nichts zu befürchten, worauf er sich bedankte, weil er meinen Spott für ein Kompliment hielt.

Einmal habe ich mir den Spaß erlaubt, ihm nachzuweisen, daß sein Hauptlaster der Geiz sei; es liege ganz bei den Inquisitoren, ihn lebenslang im Gefängnis zu behalten, wenn sie sich belustigen wollten; sie brauchten ihm nur Geld vorzustrecken unter der Bedingung, daß er freiwillig noch eine bestimmte Weile bliebe. Er stimmte mir zu, daß er für einen ansehnlichen Betrag möglicherweise bereit wäre, noch kurze Zeit zu bleiben, aber nur, um sich damit für seinen Verlust schadlos zu halten. Das reichte nun, um ihn zu dem Eingeständnis zu bringen, für einen höheren Betrag würde er die gleiche Verabredung nach Ablauf der Zeit erneuern; anstatt sich zu schämen, lachte er darüber. Er war Kenner des Talmud wie alle Juden von heute und wollte mir durch sein Wissen zeigen, daß er sehr gläubig in seiner Religion war. In meinem späteren Leben habe ich beim Beobachten meiner Mitmenschen festgestellt, daß die meisten meinen, das wichtigste an der Religion sei das eingeübte Ritual.

Dieser ungeheuerlich fette Jude verließ nie sein Bett, und nachts konnte er zuweilen nicht schlafen, während ich recht gut schlief. Einmal verfiel er darauf, mich aus schönstem Schlummer zu wecken. Ich fragte ihn erbost, warum er mich aufgeweckt habe, und er meinte, da er nicht schlafen könne, bitte er mich um die Freundlichkeit, mit ihm zu plaudern; dadurch, so hoffte er, würde ihm ein süßer Schlummer zu Hilfe kommen. Unter der Wirkung des ersten Ärgers gab ich ihm zunächst keine Antwort; doch sobald ich mich in der Lage sah, freundlich zu ihm zu sprechen, sagte ich, seine Schlaflosigkeit sei gewiß eine rechte Qual, und er tue mir leid; doch wenn er noch einmal zu seiner Erleichterung darauf verfallen sollte, mir die größte Wohltat zu nehmen, die mich die Natur genießen lasse in diesem Unglück, das mich quäle, so würde ich aus meinem Bett springen und ihn erwürgen. Er gab mir keine Antwort. Jedenfalls war es das letzte Mal, daß er mir diesen Streich spielte.

Ich glaube nicht, daß ich ihn erwürgt hätte, aber ich weiß noch, daß er mich in diese Versuchung führte. Ein Mensch im Gefängnis, der ruhig schläft, ist während seines süßen Schlummers nicht im Gefängnis; der Sklave weiß dann nicht, daß er in Knechtschaft ist, so wie die Könige dann nicht herrschen. Der Schlafende muß also jeden, der ihn weckt, als einen Henker betrachten, der ihn seiner Freiheit beraubt und ins Elend zurückstößt; hinzu kommt, daß der schlafende Häftling träumt, er sei frei, und dieses schöne Trugbild tritt für ihn an die Stelle der Wirklichkeit.

Ich beglückwünschte mich, daß ich meine Arbeit nicht vor dem Eintreffen dieses Menschen begonnen hatte: er wollte unbedingt, daß gefegt werde. Ich tat, als würde ich davon krank, und die Büttel hätten seine Anordnung auch nicht befolgt, wenn ich mich widersetzt hätte, aber ich mußte ja darauf achten, mich umgänglich zu zeigen.

Am Mittwoch der Karwoche sagte uns Lorenzo, nach der *Terza* werde der Herr Sekretär zu uns heraufkommen, um uns den Besuch abzustatten, den man üblicherweise jedes Jahr vor Ostern den Häftlingen macht, sowohl um denjenigen Seelentrost zu geben, die das heilige Sakrament empfangen wollen, als auch, um zu sehen, ob sie nichts gegen den Wärter vorzubringen hätten, *was mich nicht beunruhigt*, wie er meinte, *denn gegen mich könnt Ihr ja nichts sagen.* Er sagte, wir sollten uns vollständig ankleiden und zurechtmachen, so wollten es die Anstandsregeln. Mir erklärte er, wenn ich die Osterkommunion wünsche, so brauche ich ihm nur meine Anordnungen zu geben. Ich sagte ihm, er möchte mir einen Beichtvater kommen lassen.

Ich kleidete mich also sehr sorgfältig an, und auch der Jude tat es und nahm dabei von mir Abschied, weil er sich fest einbildete, der Sekretär werde ihn gleich in die Freiheit entlassen, nachdem er mit ihm gesprochen hätte; er sagte, seine Vorgefühle seien von der Art, wie sie ihn noch nie getäuscht hätten. Ich beglückwünschte ihn dazu. Der Sekretär kam, die Zelle wurde geöffnet, der Jude stürzte hinaus, warf sich auf die Knie, und ich hörte nur Weinen und Schreien. Fünf oder sechs Minuten später kam er wieder herein, und Lorenzo sagte, nun solle ich hinausgehen. Ich verneigte mich tief vor Herrn von Businello und tat dann nichts anderes als ihn anzublicken: nicht eine Bewegung, nicht ein Wort. Dieser von beiden Seiten stumme Auftritt dauerte ebenso lang wie bei meinem Gefährten. Der Sekretär neigte den Kopf vor mir um einen halben Zoll und schritt davon. Ich ging gleich wieder hinein, um mich umzuziehen und in meinen Pelz zu hüllen, denn die Kälte war mörderisch. Der Vertreter des Gerichts muß seine ganze Kraft zusammengenommen haben, um bei meinem Anblick nicht zu lachen, denn meine höchst elegant gekleidete Gestalt mit wirren Haaren und einem schwarzen Achtmonatsbart hätte den ernsthaftesten Menschen zum Lachen bringen müssen. Der Jude war erstaunt, daß ich den Sekretär nicht angesprochen hatte, und war nicht zu überzeugen, daß ich ihm mit meinem Schweigen viel mehr gesagt habe als er mit seinem dummen Geschrei. Ein Gefangener wie ich durfte in Gegenwart seines Richters den Mund nur auftun, um auf Fragen zu antworten.

Am Tag darauf kam ein Jesuit, um mir die Beichte abzunehmen, und am Karsamstag brachte mir ein Priester von Sankt Markus die heilige Kommunion. Meine Beichte fiel dem Pater, der sie hörte, zu wortkarg aus, und er hielt es für angebracht, mir verschiedene Vorhaltungen zu machen, bevor er mir die Absolution erteilte. Er fragte mich, ob ich zu Gott bete, und ich erwiderte, ich bete von morgens bis abends und von abends bis morgens zu ihm, sogar beim Essen, sogar beim Schlafen, weil alles, was in meiner Seele, in meinem Herzen, in allen meinen Bewegungen vor sich gehe, in der Lage, in der ich mich befinde, nur ein unaufhörliches Gebet zur göttlichen Weisheit sein könne; ich fügte hinzu, selbst meine Ungeduld und die Verirrungen meiner Phantasie würden zu Gebeten. Der Jesuit, Missionar und Beichtvater eines berühmten alten literarisch gebildeten Senators, ein gläubiger und politisch geschickter Mann, Verfasser durchwegs frommer und bedeutender Werke sowie Staatsinquisitor, lächelte ein wenig und lohnte mir meine trügerische Lehre über das Beten mit einer metaphysischen Ansprache von einer Gewichtigkeit, die ganz und gar nicht zu meiner Äußerung paßte. Gern hätte ich alles widerlegt, wenn er mich nicht als in seinem Beruf geschickter Mann aufhorchen lassen und kleiner als einen Floh gemacht hätte durch eine Art prophetischer Äußerung, die mich traf: *Da Ihr*, sagte er, *die Religion, zu der Ihr Euch bekennt, von uns gelernt habt, solltet Ihr sie ausüben wie wir und zu Gott beten, wie wir es Euch gelehrt haben; bedenkt, daß Ihr hier nicht vor dem Tage Eures Schutzheiligen herauskommt.* Nach diesen Worten erteilte er mir die Absolution und verließ mich. Der Eindruck, den sie auf mich machten, war unglaublich. Ich konnte tun, was ich wollte, sie gingen mir einfach nicht aus dem Kopf. Ich nahm alle Heiligen durch, die ich im Kalender fand.

Den heiligen Jakob von Compostela, dessen Namen ich trage, mußte ich als meinen Hauptheiligen ansehen, aber wie sollte ich Vertrauen in ihn setzen, da doch der *Messer grande* ausgerechnet an seinem Namenstag bei mir eingedrungen war? Wenn ich zu meinem Schutzheiligen beten sollte, hätte der Jesuit ihn mir doch nennen müssen; ich meinte also, ich müsse ihn mir wählen. Bei der Suche im Kalender fiel mein Blick auf den nächstliegenden, den heiligen Markus. Der heilige Georg kam davor, ein recht angesehener Heiliger, aber ich glaubte, dem Evangelisten sehr viel mehr vertrauen zu sollen, zumal ich als Venezianer ein Anrecht hatte, seinen Schutz zu erbitten. Ich verfehlte also nicht, ihm meine Wünsche vorzutragen, doch sein Tag ging vorbei, und weil ich noch blieb, wo ich war, empfahl ich mich darauf dem anderen heiligen Jakob, dessen Tag zusammen mit dem des heiligen Philipp gefeiert wird. Doch auch der ging vorüber, ohne daß ich mich erhört gesehen hätte. So wandte ich mich höchst andächtig an den heiligen Wundertäter Antonius, dessen Grab ich zur Zeit meines Studiums in Padua tausendmal besucht hatte; doch auch diese Hoffnung wurde enttäuscht. So ging ich weiter von einem zum nächsten, und unmerklich gewöhnte ich mich daran, vergebens zu hoffen; die Inbrunst meiner Gebete ließ nach, nicht aber der Wunsch und die Entschlossenheit, zu fliehen; das Glück, daß ich freikam, widerfuhr mir, wie der Leser feststellen wird, am Tag meines Schutzheiligen, denn wenn es einen gab, mußte er an dem Tag vertreten sein. Ich habe seinen Namen nie erfahren, aber das macht nichts; ich war ihm deswegen nicht weniger dankbar. Die Prophezeiung des Jesuiten ist wirklich in Erfüllung gegangen: ich habe die Freiheit am Tage Allerheiligen wiedererlangt.

Zwei, drei Wochen nach Ostern erlöste man mich von dem Juden. Der Ärmste wurde allerdings nicht nach Hause entlassen: man steckte ihn in *Die Vier*, aus denen er erst ein paar Jahre später freikam; den Rest seiner Tage verbrachte er in Triest.

Kaum sah ich mich allein, machte ich mich mit größtem Eifer

an die Arbeit. Ich mußte sie zu Ende bringen und hinausgelangen, bevor man mir einen neuen Gast brachte, der gefegt haben wollte. Ich zog mein Bett von der Wand, steckte meine Lampe an und legte mich, mein Werkzeug in der Hand, flach auf den Boden, nachdem ich neben der Stelle ein Tuch ausgebreitet hatte, um darin die kleinen Stücke zu sammeln, die ich mit der Spitze des Stabes von dem Holz abspänen würde. Ich hatte das Brett zu zerstören, indem ich das Eisen hineingrub; zu Beginn meiner Arbeit waren die Splitter so groß wie Weizenkörner, erst allmählich wurden die Teilchen etwas größer. Das Brett war aus Lärchenholz, sechzehn Zoll breit. Ich setzte mit der Arbeit an der Fuge zum nächsten Brett an; ich stieß auf keinen Nagel und an kein Eisen, mein Werk ging glatt vonstatten. Nach sechs Stunden Arbeit knotete ich mein Tuch zusammen und legte es beiseite, um es am nächsten Tag hinter dem Aktenhaufen am Ende des Dachbodens auszuleeren. Die herausgespänten Teile hatten ein vier- bis fünfmal so großes Volumen wie der Hohlraum, den ich geschaffen hatte; der mochte ein Sektor von dreißig Grad eines Kreises von ungefähr zehn Zoll Durchmesser sein. Ich empfand große Zufriedenheit mit meinem Werk, schob das Bett wieder an seinen Platz und merkte, als ich am anderen Morgen mein Tuch ausschüttelte, daß ich keinen Anlaß zu der Sorge hatte, meine Splitter könnten auffallen.

Am zweiten Tag stieß ich unter dem ersten Brett, das zwei Zoll stark war, auf ein zweites, von dem ich annahm, es sei wie das erste. Immer quälte mich die Angst vor überraschenden Besuchen, aber ich hatte das Glück, nie welche zu bekommen, und so gelang es mir, in drei Wochen drei Bretter völlig aufzuarbeiten. Darunter fand ich den Steinboden aus vermörteltem Marmorgrus, den man in Venedig *Marmorterrazzo* nennt. Das ist der übliche Bodenbelag in den Wohnungen aller venezianischen Häuser, soweit sie nicht armen Leuten gehören; selbst die höchsten Herren ziehen Terrazzo dem Parkett vor. Ich war höchst betroffen, als ich feststellte, daß mein Stab nicht in dieses Material eindrang; ich konnte noch so sehr drücken und stoßen, meine Spitze glitt ab. Dieser widrige Umstand machte mich zunächst recht mutlos. Dann bedachte ich, wie Hannibal sich – nach dem Bericht des

Livius – einen Weg durch die Alpen bahnte, indem er mit dem Beil das harte Felsgestein zerschlug, welches er mit Essig aufgeweicht hatte, was ich mir nie so recht hatte vorstellen können, nicht wegen der Wirkung der Säure, sondern wegen der ungeheuren Menge Essig, die Hannibal hätte haben müssen. Ich war immer überzeugt gewesen, daß er es mit der *accetta* gemacht hatte, nicht mit *aceto*; den ersten Kopisten des Livius mochte aus Unachtsamkeit ein Fehler unterlaufen sein. Aber nun goß ich dennoch eine Flasche starken Essig, den ich hatte, in mein Loch, und am Tag darauf sah ich, daß ich – dank der Wirkung des Essigs oder weil ich geduldiger war – die Sache schaffen würde; es ging nicht darum, die kleinen Marmorstücke zu sprengen, sondern mit der Spitze meiner Pike den Mörtel, der die Stücke verband, zu Pulver zu zerstoßen; außerdem war ich sehr glücklich, als ich feststellte, daß die Hauptschwierigkeit nur an der Oberfläche lag. In vier Tagen zerstörte ich den ganzen Steinbelag, ohne daß die Spitze meiner Pike Schaden nahm, im Gegenteil: ihre Flächen glänzten nur noch schöner.

Unter dem Marmorterrazzo stieß ich wie erwartet auf ein weiteres Brett; das mußte das letzte sein, also das erste in der Reihenfolge der Abdeckung jedes Raumes, in dem die Decke von Balken getragen wird. Dieses Brett ging ich unter sehr erschwerten Umständen an: mein Loch war inzwischen zehn Zoll tief.

Ich empfahl mich immer wieder der Barmherzigkeit Gottes. Wenn die Freidenker meinen, das Gebet sei unnütz, so wissen sie nicht, was sie sagen. Ich weiß, daß ich nach der Anrufung Gottes stets kräftiger geworden war. Mehr braucht es nicht, um die Nützlichkeit des Gebets zu erkennen. Manche behaupten, solches Wachsen der Kraft sei die natürliche Reaktion der Materie, die durch das Vertrauen aufs eigene Gebet belebt worden ist; das geschehe, ohne daß Gott beteiligt sei; ich halte ihnen entgegen, daß, wenn man überhaupt mit ihm rechnet, Gott an allem beteiligt ist. Manche Gläubige haben viele Kräfte, die den Ungläubigen fehlen; die ersteren verstehen wenig davon, die letzteren aber begreifen überhaupt nichts. Doch fahren wir fort.

Am fünfundzwanzigsten Juni, dem Tag, der ausschließlich in der Republik Venedig feierlich begangen wird – nämlich zum

Andenken an die wunderbare Erscheinung des Evangelisten Markus in der Kirche der Dogen gegen Ende des elften Jahrhunderts in der symbolischen Form eines geflügelten Löwen, welches Ereignis den allweisen Senat überzeugte, daß es Zeit wurde, den heiligen Theodor zu entlassen (dessen Wirksamkeit nicht groß genug gewesen war, um die Weisheit des Senates so zu stärken, daß die geplante Machtausbreitung gelungen wäre) und ihn zu ersetzen durch den von Gott gesandten heiligen Schüler des heiligen Paulus oder, nach Eusebius, des heiligen Petrus – an diesem Tag um drei Uhr nachmittags, als ich auf dem Bauch liegend, splitternackt und schweißtriefend an dem Loch arbeitete, in das ich, um sehen zu können, meine brennende Lampe gestellt hatte, hörte ich zu meinem tödlichen Schrecken das heisere Knarzen des Riegels an der Tür zum äußeren Gang. Was für ein Augenblick! Ich blase die Lampe aus, lasse meine Pike im Loch, werfe mein Tuch hinein, erhebe mich, stelle eilig die Bettböcke in den Alkoven, lege die Bretter auf die Böcke und werfe Strohsack und Matratze darauf; und da mir keine Zeit bleibt, die Leintücher auszubreiten, lasse ich mich wie tot darauf fallen, als Lorenzo schon meine Zelle aufschließt. Hätte ich nur ein bißchen langsamer gemacht, so hätte er mich erwischt.

Lorenzo wäre über mich gestolpert, wenn ich nicht aufgeschrien hätte. Bei meinem Schrei zog er sich gebückt durch die Tür zurück und erklärte teilnahmsvoll: *Oh Gott! Ich bedaure Euch, mein Herr; hier verschmachtet man ja vor Hitze wie in einem Backofen. Steht auf und dankt Gott, der Euch eine ausgezeichnete Gesellschaft schickt. Tretet ein, Illustrissime.* Der Dummkopf merkt nichts von meiner Nacktheit, und da tritt auch schon der Illustrissimo ein, der mir ausweicht, während ich, ohne zu bedenken, was ich tue, meine Leintücher zusammenraffe, auf das Bett werfe und nirgends ein Hemd finde, das überzuziehen mir der Anstand gebot.

Der Neuankömmling glaubte in die Hölle zu kommen; ich hatte sein Gesicht noch nicht gesehen, sondern hörte nur eine verzweifelte Stimme rufen: *Wo bin ich? Wohin führt man mich? Welch eine Hitze! Welch ein Gestank! Mit wem bin ich hier?* Daraufhin rief mich Lorenzo und sagte mir durchs Gitter, ich solle ein Hemd anziehen und in den Dachboden hinausgehen; sodann erklärte er dem neuen Gast, er habe Befehl, bei ihm zu Hause ein Bett und alles, was er befehle, zu holen und hierher zu bringen. Einstweilen könne er sich mit mir im Dachboden aufhalten; bis zu seiner Rückkehr werde sich in der Zelle bei geöffneter Tür der Gestank verlieren, der nur vom Öl komme. Welch eine Überraschung für mich, ihn sagen zu hören, der Gestank komme vom Öl! Er kam ja in der Tat von der Lampe, die ich gelöscht hatte, ohne sie zu putzen. Lorenzo hatte mich nicht danach gefragt; er konnte es nur wissen, weil der Jude es ihm gesagt hatte. Wie glücklich war ich, daß er ihm mehr nicht hatte sagen können. Ich empfand in diesem Augenblick sogar ein wenig Achtung vor Lorenzo.

Nachdem ich rasch ein anderes Hemd, eine Hose, Strümpfe und einen leichten Morgenmantel angezogen hatte, ging ich hinaus. Der neue Gefangene schrieb mit Bleistift auf, was er zu bekommen wünschte. Dann erst sah er auf, erblickte mich und rief: *Das ist ja C.*, und ich erkannte ihn sogleich: es war der Abate Graf von F. aus Brescia, zwanzig Jahre älter als ich, sehr vornehm, ziemlich begütert und in allen heiteren Gesellschaften beliebt. Er fiel mir um den Hals, und als ich ihm sagte, ich hätte hier oben jeden zu sehen erwartet, nur nicht ihn, konnte er die Tränen nicht zurückhalten, die wiederum die meinen weckten. Er gab noch seine letzten Anweisungen, dann blieben wir allein.

Das erste, was ich ihm sagte, war, daß er mir den größten Gefallen tun würde, wenn er beim Eintreffen seines Bettes mein Angebot ablehnte, das meine wegzuschieben, um seines aufzustellen. Die zweite Bitte, die ich ihm vortrug, war: er möchte nicht verlangen, daß ausgefegt werde. Ich versprach ihm eine ausführliche Begründung. Zunächst vertraute ich ihm an, daß der Gestank, den er verspürt habe, von einer Lampe herrühre, die ich besäße, ohne daß jemand davon wisse; ich hätte sie ausgeblasen und wegen seines unerwarteten Eintreffens keine Zeit gehabt, den Rauch des Dochtes zu ersticken. Er versprach mir alles, worum ich ihn bat, und pries sich glücklich, mit mir zusammengelegt worden zu sein. Er sagte, niemand wisse, was mir zur Last gelegt wurde, deshalb seien alle darauf aus, es zu erraten.

Etliche meinten, ich hätte mich zum Oberhaupt einer neuen

Religion gemacht, und die Staatsinquisitoren hätten mich nur auf Verlangen der kirchlichen Inquisition eingekerkert. Andere sagten, Frau L. M. habe durch den Ritter A. Moc. das Gericht bewogen, mich verhaften zu lassen, weil ich mit meinen allzu weltlichen Bemerkungen den rechten Glauben ihrer drei Söhne verdürbe, deren ältester heute Prokurator an Sankt Markus sei, die beiden anderen turnusmäßig Mitglieder des Rates der Zehn. Einige sagten, der Rat Ant. C., zur Zeit meiner Inhaftierung Staatsinquisitor und Protektor des Teatro San Angelo, habe mich als öffentlichen Ruhestörer einsperren lassen, weil ich die Komödien des Abate Chiari auspfiff, der mit der Clique des N. H. Marcant. Z., des Anführers der Goldoni-Partei, im Bunde war; man behauptete, wenn ich nicht eingesperrt worden wäre, so hätte ich den Abate in Padua ermordet.

Alle diese Anschuldigungen hatten irgendeinen Punkt, der sie wahrscheinlich machte, doch sie waren alle aus der Luft gegriffen. Ich hielt nicht so viel von Religion, um daran zu denken, eine neue zu stiften. Die drei geistreichen Söhne von Frau L. M. waren eher dazu angetan, zu verführen, als verführt zu werden, und Herr von Cond. hätte viel zu tun gehabt, wenn er die hätte einsperren lassen wollen, die Chiari auspfiffen. Was diesen Abate anging, so traf es zu, daß ich gesagt hatte, ich wollte nach Padua, um ihn umzubringen; doch Pater Origo, der bedeutende Jesuit, hatte mich besänftigt, indem er mir zu verstehen gab, ich dürfe mich dafür, daß er mich in einem schlechten Roman lächerlich gemacht hatte, schon rächen, aber nicht anders, als sich ein guter Christ eben rächen dürfe. Er hatte mir empfohlen, Chiari in den Kaffeehäusern, wo er bekannt war, öffentlich zu loben. Ich hatte seinen Rat befolgt und die Rache unübertrefflich gefunden. Kaum hatte ich Gutes von ihm gesagt, hatten sich alle über meine Elogen lustig gemacht und tödliche Satiren gegen ihn losgelassen. Ich bin damals zum Bewunderer der tiefen Menschenkenntnis von Pater Origo geworden.

Gegen Abend brachte man dem Grafen Abate Bett, Sessel, Wäsche, Duftwasser, ein ordentliches Essen und einige Flaschen guten Wein; er konnte nichts zu sich nehmen, doch ich tat es ihm nicht gleich. Dies war seit den neun Monaten, die ich da war, mein erstes gutes Mahl. Mein Bett konnte stehenbleiben wo es war, es wurde nicht gefegt, wir durften eintreten und blieben allein.

Zunächst einmal holte ich meine Lampe aus dem Loch und mein Tuch, das in den Topf gefallen war und sich mit Öl vollgesogen hatte. Ich mußte darüber sehr lachen. Ein wenig folgenreiches Mißgeschick, dessen Ursache auch schreckliche Folgen hätte haben können, bringt einen mit Recht zum Lachen. Ich räumte alles ordentlich auf, säuberte meinen Topf, der voller Terrazzostaub war, und füllte ihn frisch; nun hatten wir Licht. Ich erheiterte meinen lieben Gefährten sehr damit, daß ich ihm die Erschaffung meiner Lampe in allen Einzelheiten schilderte. Wir brachten die Nacht schlaflos zu, und zwar weniger wegen der Million Flöhe, die uns schier auffraßen, als wegen langer interessanter Gespräche vom hundertsten ins tausendste. Und als er merkte, daß ich neugierig darauf war, zu erfahren, durch welches unglückliche Abenteuer ich seine teure Gesellschaft genoß, zierte er sich kein bißchen, mir das Folgende zu erzählen; ich glaube, nach zweiunddreißig Jahren Stillschweigen darf ich es öffentlich weitersagen:

Gestern um die zwanzigste Stunde bestiegen wir eine Gondel, Frau Aless..., Graf P. Mart... und ich, und um die einundzwanzigste Stunde erreichten wir Fusina; um die vierundzwanzigste Stunde waren wir in Padua, um die Oper zu besuchen und gleich danach zurückzufahren. Während des zweiten Aktes gab mir mein böser Geist ein, in den Spielsaal zu gehen, wo ich Graf Ros..., den Wiener Gesandten, traf, und in seiner Nähe Frau von R..., deren Gemahl in diesen Tagen als venezianischer Gesandter an den Wiener Hof gehen sollte. Ich erwies dem Herrn, der nicht maskiert war, schweigend meine Reverenz und machte der Frau des Gesandten ein Kompliment. Ich wollte eben gehen, als Graf Ros... laut zu mir sagte: *Ihr Glücklicher dürft mit einer so reizenden Dame sprechen! Erst in solchen Augenblicken sorgt die Persönlichkeit, die ich vertrete, dafür, daß das schönste Land der Welt mir zur Galeere wird. Sagt ihr doch bitte, daß ich sie kenne, und daß die Gesetze, die mich hier hindern, mit ihr zu sprechen, am Wiener Hof, wo ich sie nächstes Jahr sehen und wo ich die Eroberung beginnen werde, keine Gültigkeit haben.* Frau von R..., die sah, daß der Graf von ihr sprach, machte mir ein Zeichen und fragte mich lachend, was er gesagt habe. Ich wiederholte ihr sein Kompliment, und sie befahl mir, ihm zu antworten: *ja, sie akzeptiere die Kriegserklärung; man werde ja sehen, wer von beiden den anderen geschickter zu bekriegen verstehen werde.* Ich glaubte kein Verbrechen zu begehen, indem ich diese Antwort, die nur ein Kompliment war, weitergab. Ich verlor noch einige Zechinen beim Pharao und schloß mich wieder meiner Gesellschaft an. Nach der Oper gingen wir noch ein Hähnchen essen und kehrten um die vierzehnte Stunde nach Venedig zurück. Ich ging gleich nach Hause, um bis zur zwanzigsten Stunde zu schlafen, aber ein Mann brachte mir ein Schreiben, das mir befahl, um die neunzehnte Stunde in der Bussola zu sein, um zu vernehmen, was der umsichtige P. B., Sekretär des Rates der Zehn, mir zu sagen habe. Erstaunt über diesen nie Gutes verheißenden Befehl und recht verärgert, ihm Folge leisten zu müssen, trat ich zur vorgeschriebenen Zeit dem Beamten unter die Augen, der mich, ohne auch nur ein Wort zu mir zu sagen, hierher zu bringen befahl. Das ist alles.

Nichts war so unschuldig wie diese Verfehlung, aber in der Gesellschaft gibt es Gesetze, gegen die man in aller Unschuld verstößt, und dann ist man eben Gesetzesbrecher und somit doch schuldig. Ich beglückwünschte ihn dazu, daß er wußte, was sein Verbrechen war, zu dem Verbrechen selbst und zu der Form seiner Verhaftung; da seine Verfehlung sehr leicht war, sagte ich ihm, er werde nur acht Tage bei mir bleiben, und nach einer kleinen Ermahnung werde man ihm befehlen, ein halbes Jahr zu Hause in Brescia zu bleiben. Der Abate meinte ganz ernsthaft, er glaube nicht, daß man ihn acht Tage hier lassen werde. So ist der Mensch: fühlt er sich nicht schuldig, so kann er sich nicht vorstellen, daß man ihn bestraft. Ich gönnte ihm, daß er sich etwas vormachte, aber es traf doch wortwörtlich ein, was ich ihm gesagt hatte. Ich faßte den festen Beschluß, ihm gute Gesellschaft zu leisten, um ihm nach Kräften die große Gemütsbewegung zu erleichtern, die ihm die Haft verursachte, ja ich machte mir sein Unglück so zu eigen, daß ich während der ganzen Zeit, die er bei mir war, das eigene gänzlich vergaß.

Am Tag darauf brachte Lorenzo bei Tagesanbruch Kaffee und in einem großen Korb Essen für den Grafen Abate, der nicht verstand, wieso jemand annehmen konnte, ein Mensch habe um diese Zeit Lust zu speisen. Wir ergingen uns im Dachboden, während die anderen versorgt wurden; dann wurden wir eingeschlossen. Die Flöhe, die den Abate aufregten, bewogen ihn zu der Frage, warum ich denn nicht ausfegen lasse. Es war mir unerträglich, daß er mich für ein Ferkel hielt oder meinte, meine Haut sei weniger empfindlich als die seine. Darum bekannte ich ihm alles und zeigte es ihm sogar. Ich erlebte seine Überraschung; er war bestürzt, daß er mich gleichsam genötigt hatte, ihm diese bedeutende Enthüllung zu machen. Er ermutigte mich, weiterzuarbeiten und den Durchbruch möglichst noch am selben Tag zu vollenden, damit er selber mich hinunterlassen und mein Seil wieder heraufziehen könne; er seinerseits wollte nicht fliehen, um seinen Fall nicht durch eine Flucht zu verschlimmern. Ich zeigte dem Grafen im Modell eine Vorrichtung, von der ich sicher annahm, daß ich mit ihrer Hilfe nach dem Abstieg das Leintuch, das mir als Seil gedient haben würde, zu mir herunterziehen könnte: es war ein kleiner Stab, an dessen eines Ende eine lange Schnur geknüpft war. Mein Leintuch sollte am Bettbock nur mit diesem Stab befestigt werden, der unter dem Bock von beiden Seiten um das Seil greifen sollte; die lange Schnur am Stab sollte bis zum Fußboden des Inquisitorenraumes reichen, wo ich sie gleich, wenn ich unten stand, herunterziehen wollte. Er zweifelte nicht an dieser Wirkungsweise und beglückwünschte mich, da er diese Maßnahme als unbedingt notwendig erkenne; denn falls das Leintuch hängen bliebe, würde es gleich Lorenzos Blicke auf sich ziehen: er könne ja nur durch diesen Raum zu uns hinauf gelangen. Er würde mich gleich suchen, finden und festnehmen. Dann meinte mein edler Leidensgefährte auf einmal, ich müsse meine Arbeit vorläufig einstellen; ich müsse schon deshalb damit rechnen, überrascht zu werden, weil ich noch mehrere Tage für den endgültigen Durchbruch des Loches benötige. Übrigens werde meine Flucht Lorenzo das Leben kosten.

Die Vorstellung, meine Freiheit auf Kosten von Lorenzos Leben zu gewinnen, dämpfte keineswegs mein Streben, sie mir zu verschaffen. Ich hätte ebenso gehandelt, wenn die Folge meiner Flucht der unvermeidliche Tod aller Büttel gewesen wäre. Der Gemeinsinn wird zum bloßen Gespenst für den Geist eines Mannes, der im Gefängnis sitzt.

Meine gute Laune hinderte allerdings meinen teuren Gefährten nicht daran, viertelstundenlang in Traurigkeit zu verfallen. Er war verliebt in Frau Ales... und hatte sein Glück vor sich gesehen. Doch je glücklicher ein Liebender ist, um so unglücklicher wird er, wenn man ihm den Gegenstand seiner Liebe gewaltsam entreißt. Er seufzte, und ungewollt stiegen ihm Tränen in die Augen; da er einräumen mußte, daß der Grund für sein Stöhnen ein Ungemach war, das es ohne das Gefängnis nicht gäbe, gestand er mir, er sei verliebt, und der Gegenstand seiner Liebesglut sei ein Ausbund aller Tugenden, was seinem Feuer nicht erlaube, die Grenzen tiefsten Respekts zu überschreiten. Ich beklagte ihn aufrichtig und dachte nicht daran, ihm zum Trost zu sagen, die Liebe sei nur eine Lappalie: das ist ein untröstlich machender Trost, den nur Toren verliebten Leuten geben. Es ist auch gar nicht wahr, daß die Liebe eine Lappalie ist. Ich war im Gefängnis mehr als einmal froh, daß ich nicht verliebt war; der Gedanke an das Mädchen, mit dem ich am Tag meiner Verhaftung, dem Sankt-Anna-Tag, hatte zum Essen gehen wollen, lag mir weltenweit fern.

Die acht von mir vorausgesagten Tage vergingen sehr rasch, und ich verlor die teure Gesellschaft. Doch ich gönnte mir kaum Zeit, dem Grafen nachzutrauern. Um Stillschweigen habe ich diesen Ehrenmann gar nicht erst gebeten; mit dem geringsten Zweifel daran hätte ich mich einer Beleidigung schuldig gemacht.

Am dritten Juli sagte ihm Lorenzo, er möge sich zur Zeit der *Terza* zum Aufbruch bereithalten, die in diesem Monat um die zwölfte Stunde schlägt. Deshalb brachte er schon mein Essen mit. Dabei reichte das des Grafen Abate für vier; er selbst lebte ohnehin nur von Suppe, Obst und gelegentlich einem Glas kanarischem Wein. Ich dagegen speiste in diesen acht Tagen vorzüglich, was meinem Freund, der über meine glückliche Veranlagung staunte, Vergnügen bereitete. Die letzten drei Stunden verbrachten wir mit Beteuerungen innigster Freundschaft. Lorenzo kam, ging mit ihm hinunter und ließ meine Zelle offen, woraus ich entnahm, daß er gleich zurückkommen werde. Eine Viertelstunde später war er wieder da, ließ alles forttragen, was dem liebenswürdigen Manne gehörte, und schloß mich ein. Ich war den Rest des Tages sehr betrübt und untätig, konnte nicht einmal lesen.

Am nächsten Tag rechnete Lorenzo den Monat Juni mit mir ab; als sich herausstellte, daß mir vier Zechinen blieben, und ich sagte, die schenke ich seiner Frau, zeigte er sich tief gerührt. Ich sagte ihm nicht, daß es die Miete für die Lampe war, aber er mag es sich gedacht haben.

Ganz meiner Arbeit hingegeben, verbrachte ich sieben Wochen ohne jede Störung, und am dreiundzwanzigsten August stellte ich fest, daß das Werk vollendet war. Der Grund für die lange Dauer war ein ganz naheliegender. Als ich beim letzten Brett mit dem Aushöhlen – äußerst umsichtig, um es nur hauchdünn zu machen – ganz nahe an die Unterseite gelangt war, drückte ich das Auge an eine kleine Öffnung, durch die ich in den Raum sehen konnte. Tatsächlich sah ich ihn, doch zugleich sah ich auch dicht neben der Öffnung, die nicht größer war als ein Wachstropfen, eine senkrechte Fläche von ungefähr acht Zoll. Es war, was ich von Anfang an gefürchtet hatte: einer der Balken, welche die Decke tragen. Ich mußte darum das Loch auf der diesem Balken abgewandten Seite vergrößern, denn er machte die Lücke so schmal, daß mein recht kräftig gebauter Körper niemals hindurchgepaßt hätte. Ich mußte das Loch um ein Viertel ausweiten und fürchtete dabei immer noch, der Abstand zwischen zwei Balken könnte nicht ausreichen. Nach der Verbreiterung verschaffte mir eine zweite, gleich große Öffnung, an die ich mein Auge legte, einen Überblick über mein Werk, das gottlob tadellos ausgeführt war. Ich verstopfte die kleinen Öffnungen, damit nicht Holzsplitter oder ein Lichtstrahl von meiner Lampe in den Saal der Inquisitoren fielen und meine Arbeit jemandem verrieten, der sie zufällig wahrnehmen mochte.

Ich bestimmte den Zeitpunkt meines Ausbruchs für die Nacht vor dem Fest des heiligen Augustinus, und zwar nicht, weil ich diesen schon seit mehr als vier Wochen zu meinem Schutzheiligen erwählt hatte, sondern weil ich wußte, daß an diesem Tage der Große Rat zusammentrat und sich folglich niemand in der

Bussola aufhielt, die an den Raum stieß, durch den ich auf der Flucht notwendigerweise hindurch mußte. Ich wollte also in der Nacht zum siebenundzwanzigsten fliehen.

Am fünfundzwanzigsten mittags geschah etwas, das mich noch jetzt erschauern läßt, da ich es niederschreiben will. Genau zur Mittagsstunde hörte ich das Knirschen der Riegel; ich meinte zu sterben. Ein heftiges Erbeben des Herzens, sechs Zoll unterhalb seiner eigentlichen Stelle, ließ mich meine letzte Stunde befürchten; ich sank verstört in den Sessel. Lorenzo teilte mir, indem er den Kopf ans Gitter hielt, mit freudiger Stimme mit: *ich komme, mein Herr, um Euch eine gute Nachricht zu bringen, zu der ich Euch beglückwünsche.* Erst glaubte ich, es gehe um meine Freiheit – denn eine andere gute Nachricht gab es für mich nicht – und sah mich verloren: die Entdeckung des Loches hätte meine Begnadigung rückgängig gemacht. Lorenzo kommt herein und sagt, ich solle mit ihm gehen; ich erwidere, er möge abwarten, bis ich angekleidet sei, aber er sagt: *das ist überflüssig, Ihr zieht nur von dieser scheußlichen Zelle um in eine andere, helle, ganz neue, wo Ihr durch zwei Fenster halb Venedig sehen und aufrecht stehen könnt, wo* ... Aber ich konnte nicht mehr, ich war am Sterben und sagte ihm das, bat ihn auch um Essig und forderte ihn auf, dem Herrn Sekretär auszurichten, ich dankte dem Gericht für diese Vergünstigung, bäte aber um Gottes Willen darum, mich hier zu lassen. Lorenzo sagte laut lachend, ich sei wohl närrisch; die Zelle, in der ich mich befände, heiße die Hölle, und die, in die mich zu bringen er Befehl habe, sei ganz herrlich. *Nur zu, nur zu,* fuhr er fort, *gehorcht muß sein, steht auf. Ich reiche Euch den Arm, und ich lasse Euch gleich Euern Sessel und alle Eure Bücher hinüberbringen.* Ganz verdutzt und gezwungen, nicht mehr den geringsten Einwand zu erheben, ging ich hinaus; eine kleine Erleichterung empfand ich, als ich hörte, daß Lorenzo einen seiner Leute anwies, ihm mit meinem Sessel zu folgen. Meine Pike war im Polsterstroh versteckt, das war immerhin etwas. Am liebsten wäre es mir gewesen, das schöne Loch, das ich mit soviel Mühe gemacht hatte, wäre mir gefolgt, aber das war unmöglich; mein Leib ging, meine Seele blieb.

Den Arm auf die Schulter dieses Mannes gestützt, der mich mit seinem Lachen aufzumuntern meinte, ging ich nach dem Durchschreiten von zwei engen Gängen drei kleine Stufen hinauf und gelangte in einen ziemlich großen, sehr hellen Saal, an dessen anderem Ende ich linkerhand durch eine kleine Tür einen Gang betrat, der zwei Fuß breit und zwölf Fuß lang war und zur Rechten zwei vergitterte Fenster hatte, durch die man den ganzen Teil der Stadt gut sehen konnte, der zwischen hier und dem *Lido* lag. Die Tür der Zelle befand sich in der Ecke dieses Ganges. Ich bemerkte ein vergittertes Fenster, das einem der beiden anderen gegenüber lag, so daß der Häftling, auch wenn er eingeschlossen war, einen guten Teil der erfreulichen Aussicht genießen konnte. Am wichtigsten aber war, daß eben dieses geöffnete Fenster einen sanften, kühlen Luftzug hereinließ: ein wahrer Balsam für den armen Menschen, der hier atmen mußte, zumal da in dieser Jahreszeit die Luft nur so glühte. Wie sich der Leser leicht vorstellen kann, machte ich solche Beobachtungen nicht gleich in diesem Augenblick. Sobald Lorenzo sah, daß ich in der Zelle war, ließ er meinen Sessel hereinstellen, auf den ich mich sofort fallen ließ, und ging hinaus mit den Worten, er werde mir alsbald mein Bett und alles übrige bringen lassen.

Ende des ersten Teils

ZWEITER TEIL

Die stoische Haltung des Zenon und die Unerschütterlichkeit der Schüler des Pyrrhon bieten dem Denken höchst bedeutsame Bilder. Man feiert sie, verhöhnt sie, bewundert sie, verlacht sie, und wer klug ist, tut weder das eine noch das andere. Jeder Mensch, der sich ein Urteil über moralische Unmöglichkeit oder Möglichkeit bilden möchte, geht am besten von sich selber aus; denn guten Glaubens kann er eine innere Kraft in wem auch immer nur dann unterstellen, wenn er deren Keim in sich selber spürt. An mir beobachte ich zum Beispiel, daß es ein Mann durch eine aus geistiger Anspannung erworbene Kraft fertig bringt, unter Schmerzen nicht zu schreien, standhaft zu bleiben gegen den ersten Ansturm heftiger Gemütsbewegung. Das ist alles. *Entsagen* und *Ertragen* kennzeichnen den wahren Philosophen; die körperlichen Schmerzen, die den Stoiker plagen, sind nicht weniger heftig als die, von denen der Epikureer heimgesucht wird, und das Leid ist quälender für den, der es unterdrückt, als für den anderen, der sich mit lauten Klagen Erleichterung verschafft. Ein Mensch, der gegenüber einem Ereignis, das über seinen Zustand entscheidet, gleichgültig wirken will, ist es nicht wirklich, außer er ist dumm oder verrückt. Wer sich völligen Gleichmutes rühmt, der lügt, da bitte ich Sokrates tausendmal um Verzeihung. Ich will Zenon alles glauben, sobald er mir sagen kann, daß er das Geheimnis entdeckt hat, die Natur am Erblassen, am Erröten, am Lachen und am Weinen zu hindern.

Ich saß auf meinem Sessel wie vor den Kopf geschlagen, starr wie eine Skulptur; ich machte mir klar, daß ich alle Mühe umsonst aufgewendet hatte und ihr doch nicht nachtrauern konnte. Alle Hoffnung war dahin, und ich fühlte mich nur dann frei von Bedrückung, wenn ich nicht an die Zukunft dachte. Ich erhob meine Gedanken zu Gott; der Zustand, in dem ich mich befand, schien mir eine unmittelbar von ihm gesandte Strafe dafür zu sein, daß ich, nachdem er mir die Zeit zur Beendigung meines Werks gegeben hatte, von seiner Gnade nicht den rechten

Gebrauch gemacht und meine Flucht um drei Tage verschoben hatte. Das mußte ich zugeben, doch zugleich klagte ich die Strafe als zu streng an, weil ich die drei Tage nur aus besonnener Vorsicht abgewartet hatte. Um den Grund zur Festsetzung meiner Flucht auf den siebenundzwanzigsten ungültig zu machen, hätte es einer Offenbarung bedurft, und so sehr hatte mich die Lektion der Maria von Agreda nun doch nicht verwirrt.

Eine Minute nachdem mich Lorenzo verlassen hatte, brachten mir zwei seiner Leute mein Bett, also Leintücher, Matratzen und Strohsack, und gingen dann das Übrige holen. Es verstrichen zwei geschlagene Stunden, ohne daß sich jemand zeigte, obwohl die Tür meiner Zelle offenstand. Diese Verzögerung brachte mich auf zahlreiche Gedanken, die mich geradezu verdummten: ich konnte mir nichts zurechtlegen und mußte alles befürchten. So bemühte ich mich um genügend Fassung, um ohne Feigheit alles zu ertragen, was mir an Schrecklichem widerfahren mochte.

Außer über die Bleikammern und *Die Vier* verfügen die Staatsinquisitoren über neunzehn furchtbare unterirdische Zellen im Dogenpalast, zu denen sie diejenigen verurteilen, die todeswürdige Verbrechen begangen haben. Sämtliche Richter auf Erden haben stets gemeint, sie erwiesen demjenigen, der den Tod verdient hat, eine Gnade, wenn sie ihm das Leben ließen, gleichgültig wie schrecklich die Haft sei, die man statt der Todesstrafe verfüge. Die neunzehn unterirdischen Verliese sind wahre Gräber; man nennt sie *Brunnen*, und es gibt wohl gute Gründe für diesen Namen, denn dort steht über zwei Fuß hoch das Wasser vom Meer, das durch die gleiche vergitterte Öffnung hereinläuft, durch die der Raum etwas Licht erhält; diese Öffnungen sind nur einen Quadratfuß groß. Der Gefangene muß, wenn er nicht den ganzen Tag bis zu den Knien in einem Salzwasserbad verbringen mag, auf Brettern sitzen, die über Böcke gelegt sind; da hat er auch seinen Strohsack, dorthin stellt man ihm bei Tagesanbruch Wasser, Suppe und seine Tagesmenge Zwieback, die er essen muß, sobald man sie gebracht hat, denn Wasserratten, die größer sind als die Ratten, die mir oben im *Gebälk* begegneten, würden sie ihm aus der Hand reißen. In diesen schauerlichen Zellen – in denen die Häftlinge gewöhnlich bis zu ihrem letzten Stündlein bleiben, und bei einer Nahrung, daß man meinen möchte, ein Mensch könne es dabei nur fünf oder sechs Monate aushalten – leben manche bis in ein hohes Alter. Man hat mir erzählt, ein achtzigjähriger Greis, der um diese Zeit gerade starb, sei mit vierzig dort eingeliefert worden. Vielleicht, da er sich des Todes würdig glaubte, hielt er sich für gut davon gekommen; es gibt ja Leute, die nur den Tod fürchten. Er war ein Spion, der im letzten Krieg der Republik gegen die Türken anno 1716 von Korfu aus in das Heer des Großwesirs eingetreten war, um die dortigen Pläne in Erfahrung zu bringen und dem Herrn Marschall von der Schulenburg zu hinterbringen, der die Festung verteidigte. Der üble Kerl hat aber zugleich für den Großwesir spioniert. In den zwei Wartestunden stellte ich mir vor, man werde mich vielleicht in die Brunnen bringen. An einem Ort, wo man sich von trügerischen Hoffnungen nährt, hat man natürlich auch die schlimmsten Befürchtungen. Das Gericht, das alle Macht über mich hatte und über die Höhe und die Tiefe des Palastes verfügte, hätte durchaus einen, der aus dem Fegefeuer zu entkommen versucht hatte, in die Hölle schicken können.

Endlich hörte ich ein Schloß rasseln und dann die Schritte eines wütenden Menschen, der näher kam. Ich erblickte Lorenzo, seine Züge waren vom Zorn entstellt. In seiner Wut lästerte er Gott und alle Heiligen und befahl mir als erstes, ihm das Beil und alle Werkzeuge zu geben, die ich zum Durchbrechen des Zellenbodens benutzt hätte, und ihm zu sagen, welcher seiner Leute sie mir verschafft hatte. Ohne mich zu rühren, erklärte ich kalt, ich wisse nicht, wovon er spreche. Darauf befahl er zwei Bütteln, mich zu visitieren, was ich aber nicht zuließ und mich lieber im Nu nackt auszog. Er ließ meine Matratze untersuchen und den Strohsack ausschütteln, ja sogar in dem stinkenden Kübel nachschauen; er drückte mein Sesselkissen zwischen den Händen und warf es, da er nichts Festes darin fand, enttäuscht auf den Boden. *Ihr wollt mir nicht gestehen*, sagte er, *wo die Geräte sind, mit denen Ihr den Fußboden durchbrochen habt, aber man wird Euch zwingen, es einem andern zu gestehen.* Ich antwortete, wenn ich wirklich den Fußboden durchbrochen hätte, so könne ich die Geräte nur von ihm selbst bekommen und auch nur ihm zurückgegeben haben, da er sie hier nicht finde. Auf diese Antwort, die seine Leute, die er offenbar angepöbelt hatte, beklatschten, schrie er herum, rannte mit dem Kopf gegen die Wand und stampfte wütend auf; ich glaubte, er werde wahnsinnig. Er ging hinaus, und mit ihm seine Büttel, die mir bald darauf meine Kleidung, meine Bücher, meine Flaschen, mein Essen, das seit dem frühen Morgen noch da stand, und meine ganze Habe brachten, außer dem Stück Schleifstein und der Lampe. Danach kam Lorenzo in den Flur und schloß die Glasflügel der beiden Fenster, durch die ich ein wenig Luft erhielt. So war ich im heißesten Sommer gleichsam hermetisch abgeschlossen in einem winzigen Raum, der durch keine andere Öffnung Luft bekam. Ich gebe zu, daß ich mich nach seinem Abgang als glimpflich davongekommen empfand. Trotz seiner Berufserfahrung hatte er nicht daran gedacht, meinen Sessel zu untersuchen; da ich mich noch im Besitze meines Stabes befand, zählte ich weiter auf ihn, ohne allerdings schon einen Plan im Kopf zu haben.

Die große Hitze und die Aufregung des Tages hinderten mich am Schlafen. Am nächsten Morgen brachte er mir essigsauer gewordenen Wein, schmutziges Wasser, fauligen Salat und stinkendes Fleisch, er ließ nicht saubermachen und öffnete das Fenster nicht, als ich ihm sagte, er möchte es doch aufmachen. Ein ganz besonderes Zeremoniell, das man von diesem Tag an veranstaltete, war der Einsatz eines Büttels, der durch meine Zelle ging und Boden und Wände mit einer Eisenstange abklopfte, um zu prüfen, ob nichts beschädigt sei; auch schob man jeden Morgen mein Bett zur Seite, um dort das gleiche zu tun. Ich beobachtete, daß der Büttel beim Klopfen mit der Stange niemals gegen die Decke schlug. Diese Feststellung ließ bei mir in wenigen Tagen den Plan entstehen, nach oben zu entweichen; doch damit mein Vorhaben zur Reife gelangte, mußten Umstände zusammentreffen, die nicht von mir abhingen, weil ich nichts tun konnte, was nicht gesehen wurde. Der kleinste Kratzer wäre jedem der Büttel, die allmorgendlich in meine Zelle kamen, gleich aufgefallen.

Ich verbrachte einen entsetzlichen Tag. Gegen Mittag kam die große Hitze, ich meinte wahrhaftig zu ersticken. Meine Zelle war der reinste Brutkasten geworden. Essen oder trinken konnte ich nicht, weil alles ungenießbar war. Geschwächt von der Hitze und dem in großen Tropfen den ganzen Leib hinunter rinnenden Schweiß vermochte ich weder zu gehen noch zu lesen. Am nächsten Tag war mein Essen wieder genauso, ich roch sofort den neuerlichen Gestank des noch warmen Kalbfleisches, das Lorenzo mir brachte. Ich fragte ihn, ob er Befehl habe, mich an Hunger und Hitze sterben zu lassen, worauf er sich ohne jede Antwort entfernte. Am Tag darauf ging es ebenso. Ich sagte ihm, er möchte mir einen Stift geben, weil ich dem Herrn Sekretär etwas schreiben wolle, und er ging, ohne mir zu antworten. Ich aß widerwillig die Suppe und tauchte Brot in Zypernwein, um bei Kräften zu bleiben und ihn am nächsten Tag umzubringen, indem ich ihm meine Pike in den Hals stieß; es stand so ernst um mich, daß ich meinte, es bleibe mir keine andere Möglichkeit. Am nächsten Morgen allerdings führte ich meinen Plan nicht aus, sondern ließ es bei dem Schwur bewenden, ihn umzubringen, sobald ich freigelassen würde. Er lachte darüber und ging ohne Antwort fort. Ich glaubte, er handele so auf Befehl des Sekretärs, dem er meinen Durchbruch gemeldet haben mochte. Ich wußte nicht, was ich tun sollte. Meine Geduld rang mit der Verzweiflung, ich fühlte mich sterbensmatt und war wirklich dem Tode nahe.

Am achten Tage forderte ich ihn mit Donnerstimme und noch immer in Anwesenheit seiner Büttel auf, mir über mein Geld Rechenschaft abzulegen, wobei ich ihn einen schändlichen Henker nannte. Er erwiderte, er werde mir am nächsten Tag die Abrechnung bringen. Doch bevor er die Zelle abschloß, packte ich mit aller Kraft den Fäkalienkübel und bedeutete ihm durch meine Haltung, ich würde ihn in den Flur leeren, wenn er ihn nicht sofort auswechseln ließe. Darauf befahl er einem Büttel, ihn hinauszutragen. Weil die Luft jetzt stank, ließ er sich herbei, ein Fenster zu öffnen. Als der Büttel mir den frischen Kübel gebracht hatte, machte er es allerdings beim Weggehen wieder zu. Ich schrie wie ein Besessener, ohne Erfolg; so stand es um mich. Weil ich gesehen hatte, daß ich nur durch meine Beschimpfungen überhaupt irgend etwas erreicht hatte, beschloß ich, ihn am nächsten Tag noch gröber zu behandeln.

Doch am nächsten Tag legte sich meine Wut. Bevor Lorenzo mir meine Abrechnung vorlegte, übergab er mir einen Korb Zitronen, die mir Herr von Br... schickte; ich erblickte eine große Flasche offenbar guten Wassers und unter meinen Speisen ein Hühnchen, das gut aussah; außerdem öffnete ein Büttel beide Fenster. Als Lorenzo mir seine Abrechnung präsentierte, warf ich nur einen Blick auf den mir verbleibenden Betrag und sagte, ich schenkte ihn seiner Frau, abzüglich einer Zechine, die er an seine Leute verteilen möchte, wofür sich die zwei, die zugegen waren, bei mir bedankten.

Als er mit mir allein geblieben war, hielt er mir mit geradezu heiterer Miene folgende Rede: *Ihr habt mir schon gesagt, mein Herr, daß Ihr das Werkzeug, mit dem Ihr das große Loch in der anderen Zelle gemacht habt, von mir bekommen habet; darum kümmere ich mich also nicht mehr. Aber dürfte ich um die Gunst bitten, zu erfahren, wer Euch die nötigen Dinge zum Anfertigen einer Lampe gegeben hat? – Ihr selber,* entgegnete ich. *Ich wußte nicht,* erwiderte er, *daß Geist und Frechheit eins sind. – Ich lüge nicht,* erklärte ich ihm in festem Ton, *Ihr habt mir eigenhändig alles gegeben, was ich brauchte, um mir eine Lampe zu bauen.*

Ich erklärte ihm dann, wie ich es gemacht hatte; als er es wußte, schlug er sich mit den Händen vor den Kopf und fragte mich, ob ich ihn auch überzeugen könnte, daß er mir die Geräte zum Durchbrechen des Fußbodens gegeben habe. Ich bejahte das, fügte aber hinzu, er werde es nie erfahren, außer in Anwesenheit des Gerichtssekretärs. Darauf bat er mich zu bedenken, daß er Kinder habe, und ging. Ich war höchst entzückt, das Mittel gefunden zu haben, von diesem Manne gefürchtet zu werden: ich konnte ihn immerhin das Leben kosten. Ich war mir jetzt ganz sicher, daß ihn sein eigenes Interesse zwang, dem Gerichtsbeamten zu verschweigen, was ich getan hatte. Der schwache Wind, der alle Tage blies und immer um die gleiche Zeit zu mir hereinströmte, gab mir wieder Kraft und Appetit.

Ich trug Lorenzo auf, mir die Werke des Marquis Maffei zu kaufen. Der Geldaufwand mißfiel ihm, aber er wagte nicht es mir zu sagen. Er fragte, wozu ich denn Bücher brauchte, wenn ich doch bereits mehr als fünfzig hätte, worauf ich ihm sagte, die hätte ich alle gelesen, und nun brauchte ich neue. Da meinte er, wenn ich jemandem welche zu leihen bereit wäre, so würde er mir auch welche als Leihgabe besorgen; so könnte ich immer etwas Neues lesen, ohne einen Soldo dafür auszugeben. Ich hielt ihm entgegen, die Bücher, die man ausleihen könne, seien vielleicht lüsterne Romane, die ich nicht lesen mochte, worauf er geradezu beleidigt erklärte, ich befände mich im Irrtum, wenn ich meinte, der einzige kluge Kopf zu sein, der hier oben eingesperrt sei. Er fügte hinzu, ich würde staunen, wenn ich wüßte, welche Herrschaften das Schicksal mit mir teilten. Jetzt tat ich so, als wäre ich von Hochachtung durchdrungen, nahm, ohne einen Augenblick zu verlieren, den ersten Band der Zeittafeln von Pater Petau und sagte ihm, er solle mir dafür ein Buch von gleicher Bedeutung bringen. Vier Minuten später brachte er mir den ersten Band von Wolff auf lateinisch. Ich nahm hocherfreut meinen Auftrag, Maffei zu besorgen, zurück. Entzückt, mich in dieser Sache zur Vernunft gebracht zu haben, verließ er mich.

Weniger dazu aufgelegt, mich bei dieser gelehrten Lektüre zu erfreuen, als vielmehr dazu, die Gelegenheit zu nutzen, mit einem Menschen in Korrespondenz zu treten, der mir bei dem Fluchtplan, den ich mir schon zurechtgelegt hatte, helfen könnte, blätterte ich in dem Buch; ich fand darin ein gefalztes Blatt, darauf stand ein schönes sechszeiliges Epigramm über Senecas Worte *calamitosus est animus futuri anxius.* Ich verfaßte gleich sechs weitere Verse, und weil ich keinen Stift hatte, benutzte ich statt Tinte den Saft von reifen Brombeeren, ferner, da ich mir den Nagel am kleinen Finger meiner rechten Hand hatte wachsen lassen, um mir die Ohren zu säubern, spitzte ich ihn zu und verwendete ihn als eine ausgezeichnete Schreibfeder, indem ich den kleinen Finger mit Daumen und Zeigefinger festhielt. In meinem Entzücken über die schöne Erfindung stellte ich einen Katalog meines Bücherbestandes auf und steckte ihn in den hinteren Deckel des besagten Buches. Alle in Italien gebundenen Bücher haben hinten in der Einbanddecke eine Art Tasche. Auf den Rücken des Buches schrieb ich: *latet quaere*. In meiner Ungeduld, Antwort zu bekommen, sagte ich am anderen Morgen zu Lorenzo, ich hätte das Buch schon ausgelesen; die gewisse Person würde mir eine Freude machen, wenn sie mir ein weiteres schickte. Lorenzo brachte mir unverzüglich den zweiten Band von Wolff und sagte, die Person habe keine Zeit verlieren wollen, mir auf so einfache Weise gefällig zu sein. Ich war betrübt, weil mir doch an einer Antwort gelegen war.

Als ich allein war, schlug ich sogleich das Buch auf und fand darin ein kurzes Schreiben in lateinischer Sprache. Da stand zu lesen: *Wir beide, die in diesem Gefängnis beisammen sind, empfinden das größte Vergnügen, daß die Unwissenheit eines geldgierigen Menschen uns einen beispiellosen Vorzug bietet. Ich, der ich dies schreibe, bin Marino Balbi, von venezianischem Adel, Mönch des Somasken-Ordens. Mein Zimmergefährte ist Graf Andreas Asquini, ein Adliger aus Udine, der Hauptstadt des Friaul. Er hat mir aufgetragen, Euch zu sagen, daß Ihr frei über alle seine Bücher verfügen mögt, von denen Ihr eine Aufstellung im hinteren Deckel findet; wir empfehlen Euch größte Vorsicht, damit Lorenzo niemals unsere Korrespondenz entdeckt, wenn Ihr diese zu führen geneigt seid.* Unser gleichzeitiger Einfall, Briefe in das Fach im Buchdeckel zu schieben, war erstaunlich, ebenso erstaunlich war allerdings auch Balbis Empfehlung, vorsichtig zu sein, während er sein Briefchen einfach zwischen zwei Blätter legte, wo Lorenzo es gleich gefunden haben würde, wenn er das Buch geöffnet hätte. Zwar konnte er nicht lesen, aber er hätte natürlich das Schreiben an sich genommen und sich jemanden gesucht, der ihm den Inhalt mitgeteilt hätte, und damit wäre unsere Korrespondenz schon an ihrem Anfang zu Ende gewesen. Ich kam zu dem Schluß, dieser Pater Balbi müsse eine Persönlichkeit sein, die mir in nichts überlegen war, es sei denn an Geburt und geistlicher Würde.

Ich fand die Aufstellung und beantwortete den Brief sogleich ausführlich auf der verbleibenden Hälfte des Katalogblattes. Ich nannte meinen Namen und schilderte den beiden die Geschichte meiner Haft und meine Hoffnung, bald herauszukommen, denn ich könne nur wegen Nichtigkeiten hier sein. Vom Durchbruch des Fußbodens sagte ich ihnen nichts. Am nächsten Tag schickte ich ihnen ein Buch und bekam auch wieder eines, in dem ich einen sechzehnseitigen Brief von Pater Balbi fand. Graf Asquini hat mir übrigens nie geschrieben. Der Mönch erzählte mir die Geschichte, die zu seinem Unglück geführt hatte. Er war seit vier Jahren in den Bleikammern, weil er mehrere uneheliche Kinder hatte, die er als seine leiblichen Kinder anerkennen wollte, indem er sie ohne jeden Vorbehalt auf seinen Namen taufen ließ. Der Pater Prior hatte ihn beim ersten Mal getadelt, beim zweiten Mal verwarnt, aber beim dritten Mal hatte er sich mit seiner Klage ans Gericht gewandt, das ihn einsperren ließ; jetzt schickte ihm der Pater Prior jeden Morgen sein Essen. Balbi verbrauchte vier Seiten mit tausend törichten Aussagen zu seiner Rechtfertigung. Unter anderem behauptete er, weder sein Prior noch die Staatsinquisitoren hätten das Recht, ihn gegen sein Gewissen handeln zu lassen, demzufolge sei ihr Verhalten ihm gegenüber nichts als Tyrannei und schlimmster Despotismus; er setzte hinzu, daß er, da seine innere Stimme ihm sage, daß die Kinder von ihm seien, sie nicht um die Vorteile bringen dürfe, die sie von seinem Namen haben könnten; ein Mann von Ehre könne nur Kinder, die offensichtlich aus Blutschande geboren seien und darum Ärgernis erregen könnten, ins Findelhaus geben (in Venedig heißt es *La Pietà*). Balbi fügte hinzu, die drei Mütter dieser Kinder seien zwar arm und müßten für ihren Lebensunterhalt als Zimmermädchen arbeiten, aber durchaus anständig; gegen ihren Lebenswandel sei nichts einzuwenden gewesen, bevor sie ihn kennenlernten und der Fehltritt, den die Liebe sie hatte begehen lassen, offenkundig wurde. Er schulde ihnen als mindestes Entgelt die Anerkennung der Früchte ihres Verhältnisses, damit nicht böse Nachrede sie anderen zuschreibe. Schließlich sagte er, er könne die Natur nicht so sehr verleugnen, daß er anders denn als Vater handele. Nachdem er mir viel Schlechtes über seinen Prior gesagt hatte, fügte er hinzu, es bestehe keine Gefahr, daß er sich noch einmal der gleichen Verfehlung schuldig mache, weil seine fromme Neigung sich nur noch gegenüber seinen Schülern äußere, die Gegenstand seiner ganzen Aufmerksamkeit seien.

Beim Lesen dieses langen Briefes sah ich den Mann vor mir: einen Sonderling, sinnlich, verquer denkend, ohne es zu merken, liederlich, bösartig, töricht und auch undankbar; erst sagte er, er würde ohne die Gesellschaft des älteren Herrn, der Bücher und Geld hatte, höchst unglücklich sein, und dann verwandte er zwei volle Seiten auf die Beschreibung von dessen Fehlern und Schwächen. Außerhalb des Gefängnisses hätte ich einem Mann von solchem Charakter nicht geantwortet, doch hier oben in den Bleikammern mußte ich jede Verbindung nutzen. Im Deckel des Buches fand ich zwei Federn, im Buch Tusche und zwei Blatt Papier, was mir dazu verhalf, aufs bequemste zu schreiben.

Der Rest seines langen Briefes erzählte die Geschichte aller Gefangenen in den Bleikammern und all derer, die schon entlassen worden waren während der vier Jahre, die er hier war. Er berichtete mir, daß der Büttel Nicolas ihm heimlich alles brachte, was er kaufen wollte, und er nannte die Namen aller Häftlinge und was in den anderen Zellen vor sich ging; um mein Vertrauen zu gewinnen, erzählte er mir die Geschichte von dem Loch, das ich in meiner Zelle gemacht haben sollte; man habe mich herausgenommen, um dort am folgenden Tag den Patrizier Pr... G. C. unterzubringen. Balbi erzählte, daß Lorenzo in den zwei Stunden, die er mich allein gelassen habe, damit beschäftigt gewesen sei, einen Schreiner und einen Schlosser zu holen und das Loch ausfüllen und mit Eisen beschlagen zu lassen; er habe sich unterstanden, diesen Handwerkern bei Todesstrafe Stillschweigen aufzuerlegen. Nicolas habe ihm versichert, daß ich bereits einen Tag später geflohen wäre auf eine Weise, die viel von sich reden gemacht hätte, und daß man dann Lorenzo hätte erdrosseln lassen. Es sei klar: auch wenn er angesichts des Lochs habe überrascht erscheinen wollen und so getan habe, als wäre er gegen mich aufgebracht, habe es doch nur mit seiner Zustimmung geschehen können, denn nur er könne mir das Werkzeug zum Ausbrechen gegeben, und ihm müsse ich es zurückgegeben haben, da man es ja nicht habe finden können. Nicolas habe ihm auch berichtet, daß Herr von Br... dem Wärter Lorenzo tausend Zechinen versprochen habe für den Fall, daß ich fliehen könne; Lorenzo habe gehofft, ohne Gefahr ans Ziel zu kommen, da er auf die schützende Hand Seiner Exzellenz D... rechne, unter dessen besonderem Schutz seine Frau stehe; letzten Endes seien alle Büttel davon überzeugt gewesen, Lorenzo werde ein Mittel finden, mir die Flucht zu ermöglichen, ohne seine Stellung aufs Spiel zu setzen oder zu verlieren. Nicolas habe dem Pater

Balbi gesagt, daß die Büttel nicht wagten, den Herrn Sekretär alle Veruntreuungen Lorenzos wissen zu lassen, weil sie fürchteten, der werde sich herausreden und sie würden ihr Brot verlieren. Pater Balbi schloß seinen Brief mit der Bitte, ich möge Vertrauen zu ihm haben und ihm die ganze Geschichte des durchbrochenen Fußbodens erzählen, auch, von wem ich das Werkzeug gehabt hätte; er versicherte, er sei ebenso verschwiegen wie neugierig. An seiner Neugier zweifelte ich nicht, eher schon an seiner Verschwiegenheit: die Fragen, die er mir stellte, entlarvten ihn bereits als einen der redseligsten Menschen. Ich sah, daß ich nur behutsam und planvoll mit Balbi umzugehen brauchte – und schon würde ich ein Wesen dazu bringen, alles zu tun, was ich wollte, um mir die Freiheit zu verschaffen.

Ich verbrachte den ganzen Tag mit dem Niederschreiben der Antwort, aber ein heftiger Verdacht ließ mich sie noch nicht abschicken. Es kam mir in den Sinn, daß dieses ganze Brief-Geschäft eine List Lorenzos sein könnte, der herausfinden wollte, wo das Werkzeug war, mit dem ich den Boden durchbrochen hatte. Ich schrieb also einen ganz kurzen Brief, ein schlimmes Kopfweh hindere mich daran, ihm ausführlich zu antworten, doch könne ich inzwischen seine Neugier insoweit befriedigen, als ich ihm sagte, ein großes Messer, mit dem ich das Loch gemacht habe, befinde sich auf dem oberen Sims des Fensters im Flur, wo ich es versteckt habe, sobald ich in der neuen Zelle allein gewesen sei, und wo Lorenzo nicht nachgesehen habe, und daß ich nicht wisse, was ich nun mit diesem Messer tun solle. Diese falsche Vertraulichkeit verhalf mir nach dem Verstreichen von drei Tagen zu großer Beruhigung; hätte man nämlich meine Briefe abgefangen, so hätte der Wärter das Fenster untersucht; aber ich habe nichts Auffälliges bemerkt.

Pater Balbi schrieb mir, er wisse wohl, daß ich dieses starke Messer haben könne, denn Nicolas habe ihm gesagt, man habe mich nicht durchsucht, bevor man mich einschloß. Nicolas habe ihm gesagt, Lorenzo wisse, daß die Leute des *Messer grande* meine Taschen nicht durchsucht hätten, und sei überzeugt, daß ich im Besitz von Waffen sei. Er habe gesagt, er habe sich nicht verpflichtet gefühlt, mich zu durchsuchen, denn er könne – da er mich aus den Händen des *Messer grande* übernommen habe – voraussetzen, daß diese Aufgabe erledigt worden sei; falls meine Flucht gelungen wäre, hätte dieser Umstand ihn retten können, indem alle Vorwürfe auf den anderen gekommen wären. Der andere Mann, der mich im Bett angetroffen und in dessen Gegenwart ich mich angekleidet hätte, habe gesagt, eine Durchsuchung sei nicht notwendig gewesen, er sei sicher, daß ich nichts hätte. Am Ende seines Briefes sagte mir Balbi, ich könne mich Nicolas anvertrauen und durch ihn mein Messer zu ihm bringen lassen. Dieser Mönch war ein Neugieriger, der alles wissen wollte, und der Büttel Nicolas, dessen Hauptleidenschaft das Ausplaudern zu sein schien, ließ ihn auf seine Kosten kommen.

Balbis Briefe machten mir Spaß, sie entlarvten aber auch seine Schwächen. Er sagte, der Graf Asquini sei ein Mann von siebzig Jahren, mit einem überaus dicken Bauch beschwert und hinkend, da er sich früher einmal ein Bein gebrochen habe, das schlecht wieder zusammengewachsen sei. Er sei nicht reich, übe in Udine den Beruf des Advokaten aus und verteidige den Bauernstand, dem der Adel das Wahlrecht in den Provinzversammlungen aus den Händen winden wollte. Die Forderungen der Bauern hätten den öffentlichen Frieden gestört, der Adel habe sich ans Gericht gewandt, und dieses habe den Grafen Asquini aufgefordert, das Mandat abzugeben. Asquini habe geantwortet, das Stadtgesetzbuch berechtige ihn, auf Einhaltung der Verfassung zu bestehen, und er habe sich nicht gefügt. Die Staatsinquisitoren hätten ihn entgegen dem Stadtgesetzbuch festnehmen und in den Bleikammern unterbringen lassen, wo er sich seit fünf Jahren mit Lesen beschäftigte und damit, den Augenblick seiner Freilassung abzuwarten. Ebenso wie ich erhalte er fünfzig Soldi am Tag, und er habe die Vergünstigung, sein Geld in die Hand zu bekommen, was ihn in die Lage versetzt habe, ein paar Dutzend Zechinen zusammenzusparen; zum Leben brauche er nur zehn oder zwölf Soldi am Tag. Der Mönch, der nie Geld hatte, sagte mir in diesem Zusammenhang viel Schlechtes über seinen Gefährten, den er natürlich des Geizes beschuldigte. Er ließ mich wissen, daß in der Zelle, die der meinen gegenüber lag, ebenfalls wegen Ungehorsams zwei Brüder aus dem Gebiet der *Sieben Gemeinden* einsaßen, deren älterer verrückt und rasend geworden war, so daß man ihn gefesselt hielt. In einer anderen Zelle waren zwei Notare. Einer der Grafen Pind... aus Verona war für acht Tage eingesperrt worden, weil er einer Vorladung nicht gefolgt war. Nicolas hatte zu Balbi gesagt, dieser Herr habe große Achtung genossen; man habe seinen Dienern erlaubt, ihm die Post selbst auszuhändigen.

Als mein Verdacht zerstreut war, ließ mich mein Seelenzustand folgende Überlegungen anstellen. Ich wollte die Freiheit wiedererlangen. Meine Pike war vorzüglich, doch ich konnte mich ihrer unmöglich bedienen, denn jeden Morgen wurde meine Zelle mit einem Stock – außer an der Decke – bis in die letzte Ecke abgeklopft. Ich konnte also nur erwägen, durch die Decke zu entkommen, indem ich sie von oben her durchbrechen ließ. Derjenige, der sie durchbrochen hätte, könnte sich gemeinsam mit mir retten, indem er mir half, in der selben Nacht ein Loch in das große Dach des Palastes zu brechen. Ich konnte hoffen, damit ans Ziel zu kommen, wenn ich einen Arbeitsgefährten hatte. Wäre ich erst einmal auf dem Dach, so würde ich schon weitersehen. Nun hieß es sich entscheiden und die Sache in Angriff nehmen. Ich sah nur den Mönch, der mit seinen achtunddreißig Jahren, wenn auch nicht besonders schlau, alle meine Anweisungen ausführen könnte. Ich mußte mich also entschließen, ihn ganz ins Vertrauen zu ziehen und auf ein Mittel zu sinnen, ihm meinen Stab zu schicken. Ich begann, indem ich ihn fragte, ob er sich nach der Freiheit sehne und ob er sich in der Lage sehe, das Nötige zu tun, um sie durch gemeinsame Flucht mit mir zu erlangen. Er antwortete, er und sein Gefährte seien gleichermaßen bereit, alles zu tun, um ihre Ketten zu sprengen, aber es sei unnütz, über etwas Unmögliches nachzudenken. Vier Seiten füllte er mit der ausführlichen Beschreibung der Schwierigkeiten, die ich nie alle meistern würde. Ich antwortete ihm, alle seine Schwierigkeiten schienen mir unbedeutend, aber ich wollte die Lösung wirklich nicht dem Papier anvertrauen; ich verspräche ihm die Freiheit, wenn er mir versprechen wollte, meine Anweisungen zu befolgen. Er antwortete, er sei zu allem bereit.

Dann schrieb ich ihm, ich sinne auf ein Mittel, ihm das tatsächliche Werkzeug zum Durchbruch zu schicken, das ich bei mir hätte und das kein Messer sei; mit diesem Werkzeug würde er die Decke seiner Zelle durchbrechen, hinaufklettern, oben eine Mauer durchbrechen und hindurchkriechen, so daß er sich auf der Decke meiner Zelle befände; diese würde er durchbrechen, ich würde herauskommen, und nun würden wir zu dritt, er, ich und der Graf, das große Dach des Palastes durchbrechen und die Bleiplatten hochdrücken. Wenn wir erst auf dem großen Dach wären, werde es meine Sache sein, wie wir herunterstiegen, um uns als freie Männer auf den Straßen von Venedig wiederzufinden. Er antwortete, er sei zu allem bereit, doch ich begänne hier ein unausführbares Werk; mit hundert Abers zählte er mir die Unmöglichkeiten auf, die doch unbestreitbar nur Schwierigkeiten waren. Ich antwortete ihm, ich sei meiner Sache sicher; wenn er sich zusammen mit mir retten wolle, müsse er nur anfangen, meine Anweisungen zu befolgen; die erste sei, Lorenzo vierzig bis fünfzig Heiligenbilder kaufen zu lassen und, als wäre es aus Frömmigkeit, alle Wände der Zelle damit zu bekleben, die Decke mit den größten. Mehr würde ich ihm erst sagen, wenn er diesen ersten Auftrag ausgeführt habe. Ich hatte erkannt, daß ich nur so und nicht anders mit diesem Menschen umgehen konnte, dem zum Erweis seiner Umsicht nichts einfiel als kleingläubiges Gerede über Hindernisse, die man, wie ich fand, einfach bezwingen mußte. Er zog alle Denkbarkeiten in Betracht, und das ist wahrlich eine Methode, sich nie zu entschließen.

Ich befahl Lorenzo, mir die gerade neu herausgekommene Bibel in Groß-Folio zu kaufen, in der außer der Vulgata auch die Septuaginta und das Neue Testament auf griechisch abgedruckt waren. Ich dachte an dieses Buch, weil ich in seinem mächtigen Volumen meine Pike zu verstecken und auf diese Weise an den Mönch zu schicken hoffte; doch als ich es bekommen und einen Versuch gemacht hatte, wurde ich ernst und nachdenklich. Ich stellte fest, daß der Stab zwei Zoll länger war als die Bibel. Der Mönch hatte mir geschrieben, seine Zelle sei bereits ganz tapeziert, wie ich es ihm aufgetragen hatte; Lorenzo habe ihm erzählt, daß ich dieses große Buch gekauft hätte; er selber und Asquini hätten ihn gebeten, es ihnen, wenn ich es entbehren könne, zum Lesen zu bringen. Tatsächlich bat Lorenzo mich alsbald darum, ich sagte ihm aber, die nächsten drei oder vier Tage brauchte ich es selber.

Ich fand kein Mittel gegen die Überlänge des Stabes: es hätte einer Schmiede bedurft, ihn zu kürzen, und ich konnte nicht annehmen, daß Lorenzo blind sein und das überstehende Ende des Gerätes nicht sehen werde; es konnte nicht aus dem Rücken des Buches herausragen, ohne ihm in die Augen zu springen. Immer noch kam es darauf an, einen glücklichen Fund zu tun: das richtige Mittel, falls es das überhaupt gab, konnte man nur durch Nachdenken finden. Ich teilte Pater Balbi meine Bedrängnis mit. Er antwortete am nächsten Tag, wobei er über meine Einfallslosigkeit spottete, das Mittel sei ganz einfach: Lorenzo hatte ihnen erzählt, ich habe einen schönen Pelz; Balbi schrieb, sie würden so tun, als seien sie darauf neugierig, und mich durch ihn bitten, sie den Pelz ansehen zu lassen; ich brauchte nur die Pike darin einzuwickeln und ihnen hinüberzuschicken. Natürlich würde ihnen Lorenzo den Pelz bringen, ohne ihn auseinanderzufalten; er, Balbi werde die Pike herausnehmen und mir den Pelz wieder zurückschicken.

Einerseits ärgerte ich mich über den Ton des Mönchs, andererseits gefiel mir die Kühnheit seines Plans. Lorenzos Dummheit war für mich erwiesen, doch ich mußte mir klarmachen, daß er den Pelz auseinanderfalten würde, wenn er in den Verschlag käme, damit ihn die beiden besser betrachten könnten, zumal ihre Zelle nicht richtig hell war; dabei wäre der Stab zu Boden gefallen. Trotzdem schrieb ich dem Mönch, ich fände seinen Plan gut, und er solle mich nur um den Pelz bitten. Am nächsten Tag bat mich Lorenzo um Entschuldigung für die Neugier des Menschen, der mir die Bücher lieh; der habe den Wunsch, meinen Pelz zu sehen. Ich gab ihn ihm auf der Stelle, gut gefaltet, und sagte ihm, er solle ihn mir möglichst bald wiederbringen. Ich hoffe, der Leser denkt nicht, ich wäre so dumm gewesen, den Stab hineinzuwickeln. Zwei Minuten später brachte mir Lorenzo den Pelz zurück und dankte mir. Im gleichen Augenblick trug ich ihm auf, mir am Michaelitag drei Pfund Makkaroni in einem Topf mit kochendem Wasser auf einer großen Kochplatte zu bringen. Ich sagte ihm, ich wolle zwei Teller davon selber abschmecken, und zwar den einen – den größten, den es im Haus gebe –, um die würdigen Menschen, die mir Bücher gaben, zu verwöhnen, den anderen – von mittlerer Größe – für mich. Ich sagte Lorenzo, ich selber wolle die Butter zerlassen und den geriebenen Parmesankäse darüber streuen, den er mir bringen sollte. Ich hatte vor, den Stab in den Rücken der Bibel zu schieben und darauf den großen Teller Makkaroni zu stellen; durch die reichlich fließende Butter, in der die Nudeln schwammen, würde Lorenzos Blick so beansprucht, daß er nicht wagen würde, ihn abzuwenden und auf die Enden des Buchrückens zu achten. Der Teller mußte so voll sein, daß er Angst haben mußte, Butter auf das Buch zu verschütten.

Am Tag, nachdem ich den Pelz hinübergeschickt hatte, mußte ich sehr lachen. Pater Balbi, unruhig und zittrig, schrieb mir, Lorenzo sei mit dem auseinandergefalteten Pelz in ihren Verschlag gekommen, und obwohl er so getan habe, als sei gar nichts los, habe er gewiß die Pike gefunden und an sich genommen. Er sagte verzweifelt, er sehe ein, daß er der Verursacher dieses nicht wiedergutzumachenden Unglücks sei; trotzdem warf er mir vor, nicht ein bißchen nachgedacht zu haben, bevor ich seinen Plan gutgeheißen hätte. Ich hatte schon am selben Morgen einen Brief an ihn aufgesetzt: es sei nichts im Pelz gewesen; ich hätte ihn trotzdem hinübergeschickt, um ihm zu zeigen, daß er sich auf mich verlassen und in Zukunft meiner sicher sein könne; er habe es nicht mit einem Leichtsinnigen zu tun. Gleichzeitig teilte ich ihm meinen Plan für Michaeli mit und riet ihm zu größter Behutsamkeit in dem Augenblick, da er aus Lorenzos Händen den Teller auf dem Buch in Empfang nähme; in diesem Augenblick der Übergabe sei die Gefahr einer verhängnisvollen Entdeckung des Stabes am größten. Ich sagte ihm, er solle sich hüten, ungeduldige Blicke auf die beiden Enden des Buches zu werfen, denn wie von selbst würden sich Lorenzos Augen in die selbe Richtung wenden, er würde das überstehende Ende sehen, und alles wäre verloren.

Einen Tag vor diesem glücklichen wickelte ich die Pike in Papier ein und steckte sie in den Rücken des Buches. Statt die Überlänge an einem Ende um zwei Zoll herausragen zu lassen, verteilte ich sie auf zwei Seiten; so stand der Stab oben und unten um je einen Zoll vor. Da ich keinen Grund zu der Annahme hatte, Lorenzo werde die Kanten des Buches auf der einen Seite mehr als auf der andern betrachten, glaubte ich die Gefahr um die Hälfte zu vermindern, indem ich die überstehende Strecke aufteilte.

Lorenzo erschien frühmorgens mit einem großen Topf, in dem die Makkaroni kochten; zuerst tat ich die Butter auf die Kochplatte, um sie zu zerlassen, und bereitete meine mit Käse bestreuten Teller vor. Ich nahm einen Streulöffel und begann, die Teller zu füllen; auf jede Handvoll Nudeln tat ich Butter und Käse; so fuhr ich fort, bis der große Teller, der für den Mönch bestimmt war, nichts mehr fassen konnte. Die zerlassene Butter reichte bis an seinen äußersten Rand; sein Durchmesser war etwa zweimal die Breite der Bibel. Ich nahm den Teller und stellte ihn auf das große Buch, das an der Tür meiner Zelle lag und hob es mit den Händen hoch, den Buchrücken gegen Lorenzo gekehrt. Ich sagte ihm, er solle die Arme strecken und die Finger ausbreiten. Darauf legte ich meine Bibel, ganz vorsichtig, damit sie nicht von der Butter betropft wurde. Während ich ihm die wichtige Last übergab, hielt ich meine Augen auf die seinen gerichtet; zu meiner großen Freude stellte ich fest, daß er sie nicht von der Butter wandte; er fürchtete sie zu verschütten. Er hatte nun alles auf den Armen, beklagte sich, daß ich ihm zu viel aufgeladen hätte und sagte, wobei seine Blicke immer fest darauf gerichtet blieben: falls ein Tropfen auf das Buch gerate, sei es nicht seine Schuld. Ich fühlte mich des Erfolges sicher, sobald ich die Bibel auf seinen Händen sah, denn die beiden Enden des Stabes, die von mir aus zu sehen gewesen waren, während ich das Buch hielt, – von mir so weit entfernt, wie das Buch breit war –, waren für ihn unsichtbar geworden, als er es selber trug. Sie waren nah an seinen Schultern, und es gab keinen Grund für ihn, Augen und Kopf zu bewegen, um dies oder jenes an den Ecken des Buches zu sehen; die brauchten ihn überhaupt nicht zu kümmern, und er hätte sich ihretwegen umständlich bewegen müssen; sein einziges Bestreben mußte es sein, den Teller gerade zu halten. Er ging, und ich folgte ihm mit den Blicken, bis ich ihn die Stufen zum Verschlag des Mönches hinuntergehen sah. Eine ganz kurze Weile später hörte ich dreimaliges Naseschneuzen, das verabredete Zeichen, daß alles wohlbehalten angekommen war. Ich füllte nun auch noch meinen Teller mit Makkaroni, und Lorenzo kam und versicherte mir, kein einziger Tropfen Butter sei auf das Buch geraten.

Pater Balbi brauchte acht Tage, um ein Loch in die Decke seiner Zelle zu machen, durch das er hinausschlüpfen konnte. Er nahm jedesmal einen großen Kupferstich von der Decke ab, den er nachher mit gekautem Brot wieder hinklebte; so vermied er, daß seine Arbeit bemerkt wurde.

Am achten Oktober schrieb er mir, er habe die ganze Nacht daran gearbeitet, die Mauer zu bearbeiten, und habe nur einen einzigen Stein herausbekommen. Er schilderte etwas übertrieben die Schwierigkeit, die mit einem besonders festen Mörtel verbundenen Backsteine zu lösen. Er versprach, weiterzumachen, wiederholte aber in jedem seiner Briefe, wir seien im Begriff, unsere Haftbedingungen zu verschlechtern, denn unser Vorhaben werde uns nicht gelingen; wenn es entdeckt würde, würden wir es bereuen. Ich ermutigte ihn immer wieder und sagte, ich sei meiner Sache sicher, wenn es ihm nur gelingen würde, eine ausreichende Öffnung in meine Zelle zu machen. Großer Gott, ich war mir durchaus nicht sicher, aber ich mußte entweder weitermachen oder alles aufgeben. Wie hätte ich ihm sagen können, was ich selbst nicht wußte? Ich wollte hier heraus: das war alles, was ich wußte, und ich sann nur darauf, Fortschritte zu machen, voranzukommen und höchstens vor dem Unüberwindlichen aufzugeben. Irgendwo hatte ich einmal gelesen, vor großen Unternehmungen solle man sich nicht beraten, sondern man solle sie anpacken, ohne dem Glück die oberste Herrschaft über alles Menschenwerk streitig machen zu wollen. Hätte ich Pater Balbi diese Erkenntnis gesagt, hätte ich ihm dieses Geheimnis edelster Philosophie mitgeteilt, er hätte mich für einen Narren gehalten.

Seine Arbeit war nur in der ersten Nacht schwierig; in dem Maße, wie er in den folgenden Nächten immer mehr Steine herausbekam, ging es immer leichter. Am Ende seines Werks stellte er fest, daß er sechsunddreißig Ziegel aus der Mauer herausgearbeitet hatte. Am sechzehnten Oktober um die achtzehnte Stunde, während ich mir das Vergnügen machte, eine Horaz-Ode zu übersetzen, hörte ich ein Trampeln über meiner Zelle und gleich darauf drei kleine Schläge mit der Hand. Ich streckte mich zur Decke und machte drei gleiche Schläge an die selbe Stelle: das war das verabredete Signal, mit dem wir uns versichern wollten, daß wir uns nicht getäuscht hatten. Eine Minute später hörte ich den Beginn seiner Arbeit und schickte ein Stoßgebet zu Gott, daß die Sache glücklich ausgehen möge. Gegen Abend grüßte er mich mit drei weiteren Schlägen, auf die ich genauso antwortete, und zog sich durch die Mauer wieder in seine Zelle zurück. Am nächsten Morgen, ziemlich zeitig, bekam ich einen Brief von ihm, in dem er mir schrieb, er sei gewiß mit seinem Werk in vier Tagen fertig, wenn meine Decke wirklich nur aus zwei Lagen Brettern bestehe, denn das Brett, das er durchbohrt habe, sei nur einen Zoll stark gewesen. Er versicherte mir, er werde eine kreisförmige Rille machen, wie ich ihn geheißen hatte, und werde mit größter Sorgfalt darauf achten, das letzte Brett noch nicht zu durchstoßen, denn schon das kleinste Zeichen in meiner Zelle würde den Verdacht auf einen Durchbruch von oben erwecken können. Er wiederholte auch den nächsten Teil meiner Anweisung; er sagte, er werde die Auskerbung so weit treiben, daß das letzte Brett nur noch an einer hauchdünnen Schicht hielte, so daß er imstande sein werde, innerhalb einer Viertelstunde von dem Augenblick an, wo ich den Befehl dazu gäbe, das Loch zu öffnen. Diesen Augenblick hatte ich bereits festgelegt. Die Arbeit mußte am Donnerstag getan sein, und ich wollte den Durchbruch am Samstag Mittag machen lassen, um dann den Rest in Angriff zu nehmen, nämlich die Bretter des großen Daches aufzubrechen, die unmittelbar unter den Bleiplatten waren, mit denen der Palast gedeckt war.

Am Montag um zwei Uhr nachmittags hörte ich, während Pater Balbi arbeitete, daß auf meiner Seite die Türen geöffnet wurden. Mein Blut stockte, und ich schlug rasch zweimal an die Decke, das war unser Alarmzeichen. Eine Minute später sah ich Lorenzo in den Flur kommen; er entschuldigte sich, daß er mir einen Bettler (in des Wortes wahrer Bedeutung) zum Gefährten geben müsse. Ich sah einen Menschen von vierzig bis fünfzig Jahren, klein, dünn, häßlich, schlecht gekleidet, mit schwarzem, rundgeschnittenen Haar. Zwei Büttel lösten seine Fesseln. Es gab für mich keinen Zweifel, daß er ein Bettler war, nachdem

Lorenzo ihn mir in seiner Gegenwart als solchen bezeichnet hatte, ohne daß er es zurückgewiesen hätte. Ich antwortete, hier habe das Gericht zu befinden, und bat Lorenzo, nicht zu gehen, ohne ihm einen Strohsack zu geben. Er war so freundlich. Nachdem er uns eingeschlossen hatte, sagte er noch, das Gericht gebe ihm zehn Soldi am Tag. Mein neuer Gefährte sagte: *vergelt's Gott.* Wiewohl verzweifelt, begann ich doch gleich diesen Schelm auszufragen, dessen Äußeres schon einige Auskunft gab. Ich mußte ihn gründlich kennen lernen, und dazu mußte ich ihn zum Reden bringen.

Zuerst dankte er mir, daß ich ihm einen Strohsack hatte bringen lassen. Ich sagte ihm, er könne mit mir essen, und ich mußte mir die Hand küssen lassen, es half nichts. Er fragte mich, ob er den Wärter um Aushändigung der zehn Soldi bitten könne, die ihm das Gericht zubillige; ich hatte ein Buch vor mir und tat so, als läse ich; ich antwortete, das lasse sich gewiß machen. Ich sah nun diesen Mann sich auf die Knie werfen und einen Rosenkranz aus der Tasche ziehen; er blickte suchend umher, ich wußte nicht, wonach. *Was sucht Ihr?* fragte ich. *Ich suche*, sagte er, *verzeiht*, *ein Bild von der immacolata vergine Maria*, *denn ich bin Christ; oder wenigstens ein leidliches Kruzifix*, *denn nie mußte ich so nötig wie heute zum heiligen Franziskus beten*, *dessen Namen ich unverdienterweise trage.*

Ich hatte größte Mühe, nicht in lautes Lachen auszubrechen, nicht etwa wegen der christlichen Frömmigkeit, die ich ehrte, sondern wegen der Wendung, die er zur Erklärung vorgebracht hatte. Als er um Verzeihung bat, schien es mir, er halte mich für einen Juden. Ich beeilte mich, ihm das Gebetbuch der heiligen Jungfrau Maria zu geben, in dem er sogleich das Bild küßte, das er mir dann aber zurückgab und bescheiden sagte, sein verstorbener Vater, Aufseher auf einer Galeere, habe versäumt, ihm das Lesen beibringen zu lassen; doch er wolle ganz gewiß wenigstens schreiben lernen, denn tagtäglich erlebe er, wie nötig man das brauche. Ich sagte ihm, ich würde die Messe jetzt laut lesen, und vom Zuhören habe er den gleichen Nutzen, wie wenn er sie selber spräche. Er antwortete, seine besondere Verehrung gelte dem hochheiligen Rosenkranz, von dem er mir zahlreiche Wunder erzählte, was ich mir mit musterhafter Geduld anhörte; schließlich sagte er, er bitte mich um die Gunst, ihm zu erlauben, daß er das heilige Bild, das ich ihm vorhin gezeigt hätte, vor sich aufstelle, um es anzubeten und dabei den Rosenkranz zu sprechen. Ich tat ihm den Gefallen und betete sogar mit ihm, was eine halbe Stunde dauerte. Ich fragte ihn, ob er gegessen habe, und er sagte, er sei nüchtern. Ich gab ihm, was ich hatte, und er verschlang alles mit der Gier eines Hundes, weinte aber dabei unablässig. Nachdem er allen Wein ohne Wasser getrunken hatte, war er völlig benebelt, seine Tränen flossen noch reichlicher, und er wurde von großer Redseligkeit ergriffen. Ich gab ihm dazu das alles auslösende Stichwort, indem ich ihn nach dem Grund seines Unglücks fragte. Hier folgt die genaue Wiedergabe seiner Antwort, die mir erst aus meinem Sinn weichen wird, wenn ich über den Styx gehe. Ich gebe dem Leser alles getreulich wieder in der Reihenfolge, in der er es mir erzählte.

Meine einzige Leidenschaft auf dieser Welt, lieber Meister, war stets nur der Ruhm dieser heiligen Republik und der genaue Gehorsam gegenüber ihren Gesetzen. Ich achtete stets sorgsam auf die Veruntreuungen der Spitzbuben, deren Beruf es ist, ihren Herrscher zu täuschen, sich seinen Ansprüchen zu entziehen und die eigenen Vorhaben versteckt zu halten; ich versuchte, ihre geheimen Pläne zu entdecken, und berichtete dem *Messer grande* stets getreulich alles, was ich bemerken konnte. Gewiß hat man mich dafür bezahlt, doch das Geld, das man mir gab, hat mir nie so viel Freude gemacht wie die Genugtuung, mich dem ruhmreichen Evangelisten Markus nützlich erwiesen zu haben. Ich habe immer das Vorurteil derjenigen lächerlich gefunden, die mit dem Begriff des Spitzels etwas Schlechtes verbinden. Dieser Begriff klingt nur schlecht in den Ohren derer, die im Grunde die Obrigkeit nicht schätzen; der Spitzel ist nichts anderes als einer, der das Wohl des Staates liebt, eine Geißel für die Verbrecher und ein treuer Untergebener seines Herrschers. Wenn es darum ging, mit Eifer tätig zu werden, hat das Gefühl der Freundschaft, das über andere eine gewisse Macht ausüben mag, nie auf mich gewirkt, noch weniger die sogenannte dankbare Erkenntlichkeit. Oft habe ich den Eid der Verschwiegenheit geleistet, um jemandem ein wichtiges Geheimnis zu entlocken, das ich, sobald ich es wußte, Punkt für Punkt wiedergab und aufdeckte. Mein Beichtvater bestärkte mich darin: schließlich sei ich schon meinen Schwur zu brechen gewillt gewesen, während ich ihn ablegte, und außerdem handle es sich um das öffentliche Wohl, da gebe es ohnehin keinen Eid, der einen binde. Ich fühle, ich hätte, Knecht meines Eifers, meinen Vater verraten und die Natur schweigen heißen können.

So bin ich. Vor drei Wochen beobachtete ich in Isola, einer kleinen Stadt, in der ich lebte, eine große Versammlung von vier oder fünf Honoratioren dieser Stadt, von denen ich wußte, daß sie mit der Regierung unzufrieden waren wegen eines Schmuggels, der aufgeflogen und beschlagnahmt worden war und den die Anführer im Gefängnis hatten büßen müssen. Der erste Kaplan der Kirchengemeinde, als Untertan der Kaiserin gebürtig, gehörte der Verschwörung an, deren Geheimnis aufzudecken ich mir vorgenommen hatte. Die Leute trafen sich abends in einem Raum der Schenke, in dem ein altes Bett stand; sie tranken und redeten, und dann gingen sie wieder. Mutig beschloß ich, mich unter dem Bett zu verstecken; ich tat es an einem Tag, an dem ich sicher sein konnte, unbeobachtet zu sein, und fand das Zimmer unverschlossen und leer. Gegen Abend kamen die besagten Leute und sprachen von der Stadt Isola, die ihrer Auffassung nach nicht der Gerichtsbarkeit von Sankt Markus unterstehe, sondern zum Fürstentum Triest gehöre; sie könne durchaus nicht als zum venezianischen Teil von Istrien gehörig angesehen werden. Der Kaplan sagte zum Anführer der Verschwörung, der P. P. hieß, wenn er bereit sei, eine schriftliche Eingabe zu unterschreiben und wenn die anderen mitmachten, würde er selbst zum kaiserlichen Botschafter gehen, und gewiß würde die Kaiserin nicht nur von der Stadt Besitz ergreifen, sondern auch alle Beteiligten entschädigen. Alle sagten zum Kaplan, sie seien bereit. Er übernahm es, am nächsten Tag das Schriftstück zu bringen, und brach sogleich auf, um es in Venedig dem Botschafter vorzulegen. Vor seinem Aufbruch, so sagte er, werde auch L... unterzeichnen; das tat mir sehr weh, denn dieser L... war mein *Johannesbruder*, eine geistliche Verwandtschaft, die ihm einen unverbrüchlichen Anspruch auf mich gab, der viel stärker war, als wenn er mein Bruder gewesen wäre. Doch nachdem ich lange mit mir gerungen hatte, überwand ich auch dieses Bedenken und beschloß, das nichtswürdige Vorhaben in Rauch aufgehen zu lassen.

Als die Verschwörer gegangen waren, konnte ich mich in aller Ruhe davonmachen; ich hielt es für unnütz, mich einer weiteren Gefahr auszusetzen, indem ich am nächsten Tag wieder unter das Bett kroch: ich hatte schon genug entdeckt. Vor Mitternacht nahm ich ein Schiff, und vormittags kam ich hier an. Ich ging in eine Apotheke, wo mir ein junger Mann den Gefallen tat, die sechs Namen dieser Aufrührer aufzuschreiben. Da es sich um ein Staatsverbrechen handelte, sprach ich beim Sekretär der Inquisitoren vor und erzählte ihm alles. Er befahl mir, am nächsten Morgen früh zu ihm zu kommen. Ich war zur Stelle und erhielt den Befehl, zum *Messer grande* zu gehen, der mir einen Mann mitgeben werde, mit dem ich sogleich nach Isola fahren sollte, um ihm dort den Kaplan zu zeigen, der höchstwahrscheinlich noch nicht abgereist war. Der Sekretär sagte mir, wenn das getan sei, solle ich mich unauffällig irgendwohin zurückziehen. Ich habe seine Befehle befolgt. Der *Messer grande* gab mir den Mann, mit dem ich gleich aufbrechen sollte, und sechs Dukaten für meine Auslagen. Ich bin sicher, daß der Mann zwölf bekommen hat, doch ich tat so, als wäre ich mit meiner Vergütung zufrieden. Nach der Ankunft in Isola zeigte ich meinem Begleiter den Kaplan und ließ ihn allein. Gegen Abend sah ich meine geistlich Verwandte Frau L... an ihrem Fenster; sie bat mich, heraufzukommen und ihren Mann zu rasieren, denn ich bin von Haus aus Barbier und Friseur. Nachdem ich ihn rasiert hatte, gab er mir ein Glas vorzüglichen Refosco und schnitt einige Scheiben Knoblauchwurst ab, die wir gemeinsam verspeisten. Ich war allein mit ihm, die Zuneigung zu meinem *Johannesbruder* ergriff meine Seele, denn ich bin ein guter Mensch. Ich nahm ihn bei der Hand und bat ihn unter Tränen, die Verbindung zum Kaplan aufzugeben und sich vor allem davor zu hüten, eine gewisse Unterschrift zu leisten. Mein Mitbruder schwor, er sei mit dem Kaplan nicht enger befreundet als mit irgendjemandem sonst und habe niemals irgendeine Unterschrift gegeben; er bat mich, ihm zu sagen, worum es gehe. Da begann ich zu lachen; ich versicherte ihm, ich hätte gescherzt, und verließ ihn voller Reue, daß ich auf mein gutes Herz gehört hatte, das mich ihm eine kluge Warnung hatte geben lassen. Am nächsten Tag sah ich weder den Mann noch den Kaplan, und acht Tage später verließ ich Isola, um dem *Messer grande* einen Besuch zu machen. Der hat mich gestern ohne Umschweife bei sich ins Gefängnis werfen und heute hier zu Euch bringen lassen, wofür ich dem heiligen Franziskus dankbar bin, denn so bin ich mit einem anständigen Menschen und guten Christen zusammen. Ich nehme an, Ihr seid hier aus einem Grund, den Ihr kennt, und ich frage Euch nicht danach. Mein Name ist *Sior Checco da Castello, Barbier an der Brücke von Sankt Martin*. Mein Familienname ist Soradaci, und meine Frau ist eine Legrenzi, Tochter eines Sekretärs vom Rat der Zehn; sie hat, als sie sich in mich verliebte, alle Vorurteile in den Wind geschlagen und mich heiraten wollen. Sie wird verzweifelt sein, weil sie nicht weiß, wo ich abgeblieben bin, doch ich hoffe, hier nur wenige Tage zu bleiben; offenbar bin ich vor allem deshalb hier, damit der Sekretär mich ausführlich befragen kann.

Nach diesem schamlosen Bericht, der mich erkennen ließ, wes Geistes Kind dieses Scheusal war, tat ich so, als bedauere ich ihn, rühmte seine Vaterlandsliebe und sagte ihm voraus, er werde nach wenigen Tagen freigelassen werden. Eine halbe Stunde später schlief er ein, und ich schrieb alles an Pater Balbi, vor allem, daß wir notwendigerweise jegliche Arbeit unterbrechen und eine bessere Gelegenheit abwarten müßten.

Am nächsten Tag ersuchte ich Lorenzo, mir ein hölzernes Kruzifix, ein Bild der heiligen Jungfrau Maria und eine Flasche Weihwasser zu besorgen. Soradaci verlangte frech seine zehn Soldi, und Lorenzo spielte den Großzügigen, lachte, nannte ihn Bettler und gab ihm zwanzig. Ich befahl ihm, mir viermal soviel Wein und Knoblauch wie sonst zu bringen, denn mein Gefährte habe mir gesagt, Knoblauch sei sein Höchstes. Lorenzo ging, und ich teilte meine Suppe mit diesem Verräter. Ich beschloß, einen Versuch zu machen; doch vorher noch zog ich völlig offen den Brief von Pater Balbi aus dem Buch und las ihn, ohne daß mein Gefährte dies beachtet hätte. Balbi schilderte mir darin seine Überraschung, sein Erschrecken: er habe sich gestern gleich in Sicherheit gebracht, sei mehr tot als lebendig in seine Zelle gelangt und habe rasch das Heiligenbild vor dem Loch befestigt; wenn Lorenzo zu ihm gekommen wäre, wäre alles verloren gewesen: er hätte ihn nicht in der Zelle gesehen, wohl aber das offene Loch.

Was mir Soradaci von seiner Angelegenheit erzählt hatte, ließ mich annehmen, daß er gewiß verhört werden würde; man konnte ihn ja nur wegen Verdachts der Verleumdung oder wegen verdunkelnden Berichts eingesperrt haben. Ich beschloß daher, ihm zwei Briefe anzuvertrauen, die, falls man ihn freilassen und er sie den genannten Empfängern zustellen würde, mir nicht nützen und nicht schaden, die mir aber sehr dienlich sein konnten, falls er, anstatt sie zuzustellen, mir nach Art seines Berufs mitspielen und sie dem Sekretär aushändigen würde. Ich verbrachte einen großen Teil des Tages damit, die Briefe mit Bleistift zu schreiben. Am nächsten Tag brachte Lorenzo ein hölzernes Kruzifix, ein Bild der heiligen Jungfrau Maria und eine Flasche Weihwasser.

Nachdem ich Soradaci viel zu essen und noch mehr zu trinken gegeben hatte, sagte ich ihm, ich müsse ihn bitten, mir einen großen Hilfsdienst zu erweisen; ich hoffte auf seine Zuverlässigkeit im Umgang mit dem Geheimnis und auf seinen Mut, denn wenn man erführe, daß er derjenige sei, der mir den Gefallen getan habe, würde er bestraft werden. Nach diesen Worten sagte ich ihm, es gehe darum, zwei Briefe zuzustellen, von denen meine Glückseligkeit abhänge. Ich fragte ihn, ob er beim Kruzifix und bei der heiligen Jungfrau Maria schwören wolle, mich nicht zu verraten. Er erwiderte, er sei bereit zu schwören und lieber zu sterben als das Vertrauen zu brechen, und dabei vergoß er Tränen, deren breiter Strom sich erst nach dem Trinken so richtig aufgetan hatte. Da schenkte ich ihm ein Hemd und eine Mütze. Dann erhob ich mich, nahm meine Mütze ab und sprach vor den beiden heiligen Bildern eine Eidesformel mit Beschwörungen, die keinerlei sinnvollen Zusammenhang hatten, aber fürchterlich klangen. Ich benetzte unsere Zelle, ihn und mich mit Weihwasser und bekreuzigte mich mehrmals. Ich ließ ihn niederknien, schwören und die furchtbarsten Verwünschungen auf sich herabrufen, wenn er den Schwur bräche. Ungerührt sagte er alles, was ich verlangte. Danach gab ich ihm die beiden unversiegelten Briefe, und er selbst wollte sie in das Rückenfutter seiner Jacke einnähen, damit man sie nicht finden könnte, falls man ihn vielleicht bei seiner Entlassung durchsuchte.

Ich war mir ganz sicher, daß dieser Mensch meine Briefe dem Sekretär aushändigen werde. Ich hatte meinen ganzen Verstand darauf verwendet, daß das Gericht keinesfalls an meinem Schreibstil meine List erkennen konnte. Die Briefe sollten das Mitleid und die Wertschätzung der drei Mächtigen für mich gewinnen, die mich in einer so harten Knechtschaft hielten. Sie wandten sich an Herrn von Br... und Herrn von Gr...: ich bat sie, mir ihr Wohlwollen zu erhalten, ruhig zu bleiben und sich nicht im geringsten über mein Schicksal zu bekümmern, denn die Behutsamkeit, mit der ich mich behandelt sähe, lasse mich darauf hoffen, bald begnadigt zu werden. Ich sagte ihnen, sie würden bei meiner Entlassung befinden, daß diese Haft mir nicht im geringsten geschadet, sondern geradezu notwendig gewesen sei; niemand in Venedig habe eine solche Wandlung nötiger gehabt als ich. Ich bat Herrn von Gr..., mir einige Flaschen Valpolicella-Wein und Herrn von Br..., Contarinis Geschichte von Venedig sowie vor dem Winter große bärenfellgefütterte Stiefel zu schicken, denn da ich mich in einer Zelle befände, in der ich nicht aufrecht gehen könne, müsse ich darauf achten, meine Beine warm zu halten. Ich wollte nicht, daß Soradaci die Unverfänglichkeit meiner Briefe kenne, denn hätte er sie gekannt, so hätte ihn vielleicht eine Laune dazu gebraucht, den ehrlichen Mann zu spielen. Er nähte sie in seine Jacke ein.

Zwei Tage später kam Lorenzo beim *Terza*-Schlag herauf und hieß Soradaci hinuntergehen; da er nicht zurückkam, glaubte ich, ihn nie wieder zu sehen. Ich schrieb dem Mönch, er solle seine Arbeit fortsetzen. Doch gegen Abend mußte ich sehen, daß Lorenzo mir den üblen Kerl wiederbrachte. Als der Wärter gegangen war, berichtete Soradaci: Der Sekretär argwöhne, er habe den Kaplan gewarnt, denn der sei nicht beim Botschafter gewesen; außerdem habe er bei seiner Ankunft in Venedig weder einen Brief noch sonst etwas Geschriebenes bei sich gehabt. Soradaci sagte, nach dem Verhör, in dem der Sekretär von seiner Unschuld überzeugt worden sein müsse, habe man ihn ganz allein in eine kleine Zelle gesetzt und sieben Stunden dort gelassen; danach habe man ihn zum zweiten Mal gefesselt und dem Sekretär vorgeführt, der nun das Geständnis erreichen wollte, er habe jemandem in Isola gesagt, daß der Priester nicht mehr dorthin zurückkehre; dies habe er nicht gestehen können, denn es sei falsch. Schließlich habe der Sekretär geklingelt und ihn wieder in meine Zelle bringen lassen.

Ich sagte nichts, doch mit einem gewissen Grimm erkannte ich, daß man ihn möglicherweise längere Zeit bei mir lassen würde. Nachts, als er schlief, schrieb ich die ganze Geschichte an Pater Balbi, nachdem ich den vorher geschriebenen Brief aus dem Buch genommen hatte. Bei dieser Gelegenheit habe ich gelernt, im Dunkeln zu schreiben.

Am nächsten Tag, als ich meine Brühe verzehrt hatte, wollte ich Gewißheit über das erlangen, was ich bereits ahnte. Ich sagte zu Soradaci, ich wolle auf einem der beiden Briefe noch etwas hinzufügen, und wir würden sie nachher wieder festnähen. Der Dummkopf sagte mir, das sei unnütz und gefährlich, denn jeden Augenblick könne jemand kommen und uns überraschen. Nun war ich seines Verrates sicher, und ich sagte ihm, ich wolle es aber unbedingt. Da warf sich das Scheusal auf die Knie und schwor mir, bei seiner zweiten Vorführung vor den fürchterlichen Sekretär habe ihn ein Schüttelfrost von unerträglichem Ausmaß am Rücken befallen, gerade an der Stelle, wo die Briefe eingenäht waren, und der Sekretär habe ihn gefragt, was ihm sei, woraufhin er nicht anders gekonnt habe, als die Wahrheit zu sagen; da habe der Sekretär geklingelt, und Lorenzo habe ihm die Fesseln abgenommen, ihm seine Jacke ausgezogen und die Briefe herausgeschnitten; der Sekretär habe sie gelesen und dann in eine Schublade gelegt. Soradaci sagte, der Sekretär habe ihm versichert, man würde es erfahren haben, wenn er die Briefe zugestellt hätte, und diese Verfehlung hätte ihn das Leben gekostet.

Da tat ich, als wäre mir übel; ich hielt die Hände vors Gesicht, warf mich aufs Bett und fiel vor dem Kruzifix und der Jungfrau Maria auf die Knie; ich forderte ihre Rache an dem Scheusal, das mich ins Verderben stürze, indem es den heiligsten aller Eide gebrochen habe. Danach legte ich mich auf die Seite, mit dem Gesicht zur Wand; ich war ausdauernd genug, den ganzen Tag ohne ein Wort in dieser Stellung zu verharren und dabei so zu tun, als hörte ich nicht das Weinen, die Schreie, die reuevollen Einreden dieses niederträchtigen Menschen. Ich spielte ganz wunderbar meine Rolle in einer Komödie, deren Entwurf ich schon im Kopf hatte. In der Nacht schrieb ich an Pater Balbi, er solle pünktlich zur neunzehnten Stunde, keine Minute früher oder später, kommen und sein Werk vollenden, und er solle nicht mehr als vier Stunden brauchen, so daß er unweigerlich genau in dem Augenblick durchbrechen werde, wenn er die dreiundzwanzigste Stunde schlagen höre. Ich sagte ihm, unsere Freiheit hänge davon ab, daß er mit höchster Genauigkeit so verfahre, im übrigen gebe es nichts zu befürchten.

Es war der fünfundzwanzigste Oktober, und die Tage kamen näher, wo ich meinen Plan ausführen oder aber für immer begraben wollte. Die Staatsinquisitoren und sogar der Sekretär fuhren alle Jahre die drei ersten Novembertage in ein Dorf auf der Terra ferma. An diesen Urlaubstagen seiner Vorgesetzten machte es sich Lorenzo bequem, schlief bis zum Läuten der *Terza* und erschien recht spät in den Bleikammern. Das hatte ich im Jahr zuvor beobachtet. Da ich ja auch noch eine Wegstrecke weit fort gelangen mußte, hatte ich aus Vorsicht eine dieser Nächte zu nehmen: ich mußte sicher gehen, daß meine Flucht erst am späten Vormittag entdeckt würde. Und es gab noch einen zweiten, sehr wichtigen Grund für die Eile, die mich diesen Beschluß zu einem Zeitpunkt fassen ließ, als ich an der Ruchlosigkeit meines Mithäftlings nicht mehr zweifeln konnte; mir scheint, er verdient festgehalten zu werden.

Die größte Erleichterung, die ein Mensch in Haft erfahren kann, ist die Hoffnung, bald herauszukommen. Er denkt an den glücklichen Augenblick, da er das Ende seines Unglücks erleben darf; er malt sich aus, dieser Augenblick werde nicht mehr lange auf sich warten lassen, und er würde alles darum geben, den genauen Zeitpunkt zu erfahren, an dem dieser Augenblick eintritt, sofern es ihm nicht schon gesagt worden ist. Der Mensch ist nun aber ungeduldig und schwach geworden; so glaubt er, man könne durch irgendein geheimes Mittel den Augenblick herausbekommen. Gott, so sagt er sich, muß es wissen, und Gott kann bewirken, daß mir der Zeitpunkt dieses Augenblicks vom Schicksal bekanntgegeben wird. Solchermaßen hat der Neugierige sinniert, und nun zögert er nicht, das Schicksal zu befragen, mehr oder weniger darauf gerichtet, voll Vertrauen alles zu glauben, was es ihm sagen mag. Das war die Geisteshaltung derer, die einst die Orakel um Rat fragten, das ist die Geisteshaltung derer, die noch heute die Kabbala befragen und die ihre Offenbarungen in einem Bibelvers oder einer Zeile bei Vergil suchen, was die *sortes virgilianae*, die viele Autoren erwähnen, so berühmt gemacht hat.

Da ich nicht wußte, welche Methode ich hätte anwenden sollen, um mir von der Bibel den Augenblick meiner Freilassung sagen zu lassen, entschied ich mich dafür, Lodovico Ariostos göttliches Gedicht vom Rasenden Roland um Rat zu fragen. Ich hatte es hundertmal gelesen, und es entzückte mich auch hier oben noch. Ich verehrte Ariosts Genie abgöttisch und hielt ihn für sehr viel besser geeignet als Vergil, mir mein Schicksal vorherzusagen.

So legte ich mir eine kurze Frage zurecht: ich fragte die wissende Macht, an deren Vorhandensein ich glaubte, in welchem Gesang des Ariost sich die Weissagung meines Befreiungstages befinde. Nun bildete ich aus den Zahlen, die sich aus den Wörtern meiner Fragen ergaben, eine umgekehrte Pyramide, zog von jeder zweistelligen Zahl neun ab und ermittelte zuletzt die Ziffer 9; so glaubte ich, im neunten Gesang müsse sich das finden, was ich suchte. Nach derselben Methode versuchte ich zu erfahren, in welcher Stanze dieses Gesanges die Voraussagung war, und ich ermittelte die Ziffer 7; schließlich war ich neugierig, zu erfahren, in welchem Vers der Stanze das Orakel war, ich kam auf die 1. Sogleich nahm ich den Ariost in die Hand und fand mit klopfendem Herzen den ersten Vers der siebten Strophe des neunten Gesanges: *Tra il fin d'Ottobre e il capo di Novembre.*

Die Genauigkeit und die Promptheit dieses Orakelspruchs schienen mir so erstaunlich, daß ich zwar nicht sagen könnte, ich hätte geradezu daran geglaubt; doch der Leser möge mir verzeihen, wenn ich sage, daß mir nun besonders daran lag, von mir aus alles zu tun, was dazu helfen konnte, das Orakel wahr zu machen.

Das Einzigartige ist, daß *Tra il fin d'Ottobre e il capo di Novembre* nur Mitternacht ist, und daß ich genau beim Schlag der Mitternachtsglocke des einunddreißigsten Oktober herausgekommen bin. Der Leser wird das noch sehen; doch ich bitte ihn, mich nach dieser aufrichtigen Erzählung nicht voreilig für abergläubischer zu halten als jeden anderen, und ebensowenig für einen Geist, der aus so einem Einzelfall gleich eine Regel ableiten wollte: er würde sich täuschen. Ich erzähle den Vorfall, weil er, wiewohl außerordentlich, doch einfach wahr ist, und weil mir die Flucht vielleicht gerade deshalb gelungen ist, weil ich ihm so viel Aufmerksamkeit geschenkt habe. Es ist nicht so, daß die Weissagungen ein Geschehen herbeiführen, sondern das Geschehen selbst tut, indem es eintrifft, der Weissagung den Gefallen, sie zu bewahrheiten. Tritt das Geschehen nicht ein, so wird sie nichtig; doch es gibt in der Geschichte viele Ereignisse, die nie eingetreten wären, wenn sie nicht vorhergesagt worden wären.

So verbrachte ich den ganzen Vormittag bis zur neunzehnten Stunde damit, den Geist dieses bösartigen Dummkopfes durcheinander zu bringen, mit sonderbaren und wundersamen Bildern Unordnung in seiner schwächlichen Vernunft zu schaffen und ihn außerstande zu setzen, mir zu schaden. Am Morgen, nachdem uns Lorenzo verließ, dem ich das Buch für Pater Balbi gegeben hatte, sagte ich zu Soradaci, er möge zur Suppe kommen. Er war im Bett liegen geblieben; dem Wärter hatte er gesagt, er sei krank; er hätte sich nicht von seinem Strohsack erhoben, wenn ich ihn nicht gerufen hätte. Er stand auf, streckte sich bäuchlings vor meinen Füßen aus, küßte sie und sagte unter Tränen und Schluchzen, ich solle ihm vergeben, sonst sehe er sich noch heute sterben, er fühle bereits den Beginn der Verfluchung, die von der Rache der heiligen Jungfrau Maria ausging, welche ich auf ihn hernieder beschworen hätte. Schon fühle er Risse, die ihm die Eingeweide mürbe machten, und seine Zunge habe sich mit Geschwüren bedeckt; er zeigte sie mir, und mit Staunen sah ich, daß sie wirklich mit Pusteln übersät war; ich weiß nicht, ob er die schon am Vortag gehabt hatte. Ich gab mir auch keine große Mühe, ihn genau auszufragen, ob er die Wahrheit sagte; es ging mir darum, so zu tun, als glaubte ich es, und ihn auf meine Vergebung hoffen zu lassen. Ich mußte ihn also zum Essen bewegen. Vielleicht hatte er die Absicht, mich zu täuschen; aber da auch ich entschlossen war, ihn zu täuschen, ging es nun darum, wer von uns beiden seine Rolle mit der größeren Geschicklichkeit spielen würde.

Ich machte ein Gesicht wie einer, der eine göttliche Eingebung hat und hieß ihn sich setzen. *Essen wir erst unsere Suppe*, sagte ich zu ihm, *und dann verkünde ich Euch Euer Glück. Heute morgen nämlich ist mir die heilige Jungfrau Maria erschienen und hat mir befohlen, Euch zu vergeben. Ihr werdet nicht sterben, Ihr werdet glücklich werden.* Sprachlos aß er seine Suppe, auf den Knien, denn es gab keine Stühle; dann setzte er sich auf den Strohsack und hörte mir zu. Hier meine Ansprache:

Der Schmerz, den Euer Verrat mir bereitet hat, hat mich die ganze Nacht schlaflos verbringen lassen. Denn mir war klar: wenn die Staatsinquisitoren die Briefe läsen, die Ihr dem Sekretär gegeben habt, würden sie mich dazu verurteilen, den Rest meines Lebens hier zu bleiben. Mein einziger Trost, ich gestehe es, war, daß ich sicher sein konnte, Ihr würdet binnen drei Tagen unter meinen Augen in eben dieser Zelle sterben. Mein Kopf war voll von diesem eines Christenmenschen unwürdigen Gefühl, denn Gott will, daß wir verzeihen. Ein flacher Schlaf gegen Morgen verhalf mir zu einer echten Vision. Ich sah das Bild der heiligen Jungfrau Maria, das Ihr hier seht, lebendig, in Bewegung; es trat mir gegenüber, öffnete den Mund und sprach folgende Worte zu mir: *Soradaci glaubt demütig an meinen heiligen Rosenkranz; ich schütze ihn; tu mir den Gefallen, ihm zu vergeben, und die Gottesverfluchung wird alsbald aufhören, auf ihn zu wirken. Zum Dank für dein christliches Handeln werde ich einem meiner Engel befehlen, die Gestalt eines Mannes anzunehmen und sogleich vom Himmel zu steigen, um die Decke deiner Zelle zu durchbrechen und dich in fünf oder sechs Tagen herauszuholen. Dieser Engel wird sein Werk heute um die neunzehnte Stunde beginnen; er wird bis eine halbe Stunde vor Sonnenuntergang arbeiten, denn er muß noch bei Tageslicht zu mir herauf in den Himmel steigen. Wenn du von hier fliehst, sollst du Soradaci mit dir nehmen und sein Leben lang für ihn sorgen, unter der Bedingung, daß er für immer den Beruf des Spitzels aufgibt. Du sollst diesem armen Mann getreulich alles berichten, was ich dir hier gesagt habe.* Nach dieser Rede verschwand die heilige Jungfrau Maria, und ich fand mich mit offenen Augen wieder.

Ich beobachtete das Gesicht des Verräters, wobei ich völlig ernst blieb. Er war wie versteinert. Als ich merkte, daß er nicht antworten wollte, nahm ich ein Stundenbuch in die Hand, bekreuzigte mich, küßte das Marienbild, besprengte die Zelle mit Weihwasser und begann so zu tun, als bete ich. Nach einer Stunde unterstand sich der Kerl, der bis dahin nicht einmal den Mund aufgetan oder sich auf seinem Strohsack bewegt hatte, mich zu fragen, zu welcher Stunde der Engel vom Himmel herabsteigen solle und ob wir irgend ein Zeichen für seine Ankunft hören würden. *Ich bin sicher*, antwortete ich, *daß er um die neunzehnte Stunde kommt, daß wir ihn arbeiten hören und daß er um die dreiundzwanzigste Stunde geht; für einen Engel scheint es mir auch genug, wenn er vier Stunden am Stück arbeitet.* Nach einer halben Stunde sagte Soradaci, ich könnte ja auch geträumt haben. Ich antwortete ihm kalt, ich sei mir sicher, daß es kein Traum gewesen sei, und fügte hinzu, er müsse mir schwören, den Beruf des Spitzels aufzugeben. Er streckte sich auf dem Strohsack aus und schlief zwei Stunden. Kaum war er erwacht, fragte er mich, ob er seinen Schwur, den von ihm ausgeübten Beruf aufzugeben, noch bis morgen hinausschieben könne. Ich sagte ihm, es stehe ihm frei, den Schwur bis zum letzten Augenblick meines Aufenthalts in der Zelle zu verschieben, ich würde ihn aber keinesfalls mit herausnehmen, wenn er mir nicht den Eid abgelegt hätte, den die heilige Jungfrau Maria, seine Wohltäterin, fordere. Ich sah, daß er nun zufrieden war, denn er war sicher, daß der Engel nicht kommen werde. Die Zeit bis zur neunzehnten Stunde wurde ihm sehr lang, aber für mich verging sie auch nicht schneller. Das Theaterspiel machte mir Spaß, und ich fühlte mich seiner Wirkung sicher. Eine Ungewißheit freilich trieb mich um: wenn Lorenzo etwa versäumt haben sollte, Pater Balbi das Buch zu bringen, sah ich mich verloren.

Um die achtzehnte Stunde wollte ich etwas essen. Ich trank Wasser, Soradaci trank meinen ganzen Wein, und zum Nachtisch aß er allen Knoblauch; für ihn war das wie Marmelade. Als ich es neunzehn schlagen hörte, warf ich mich auf die Knie und befahl ihm mit einer Stimme, die ihn erschreckte, desgleichen zu tun. Er gehorchte mir und beobachtete mich dabei starr wie ein Schwachsinniger. Als ich das kleine Geräusch hörte, das mir anzeigte, daß Balbi durch die Mauer kam, sagte ich *Der Engel kommt* und legte mich auf den Bauch; dabei stieß ich ihn um, damit er in die selbe Lage fiel. Die Arbeit des Brechens machte ziemlichen Lärm. Eine gute Viertelstunde hielt ich mich am Boden, und als ich aufstand, hätte ich fast lachen müssen, wie ich Soradaci in tiefstem Gehorsam so daliegen sah. Dreieinhalb Stunden verbrachte ich mit Lesen, er mit Rosenkranzmurmeln, Beten, Seufzen, mehrmaligem Einschlafen und mit Gebärden vor dem Marienbild, wie man sie sich komischer nicht vorstellen kann. Beim Schlag der dreiundzwanzigsten Stunde stand ich auf und bedeutete ihm, es mir gleichzutun und sich wieder auf den Bauch zu legen, denn der Engel werde nun gehen, und man müsse ihm danken. Pater Balbi ging, und wir hörten kein Geräusch mehr. Verwirrung, Entsetzen und Staunen waren gleichermaßen in die Gesichtszüge dieses üblen Menschen eingeschrieben.

Ich begann zu ihm zu sprechen, um zu hören, was er denken mochte. Er schien den Verstand verloren zu haben; höchst absonderlich war die Abfolge seiner Äußerungen; er sprach von seinen Sünden, seinen religiösen Übungen, den Wundern, die seine Frau ihm erzählt hatte, davon, was ich mit ihm, ungebildet wie er sei, anfangen könnte; schließlich trug er mir einen höchst eigenartigen Gedanken vor, auf den ich nur ausweichend einging. Er sagte nämlich, wenn er mich nicht verraten hätte, hätte ich niemals von der heiligen Jungfrau Maria eine so bemerkenswerte Gnade erzeigt bekommen, und so stehe ich dafür in seiner Schuld. Dann wollte er den Schwur leisten, doch ich sagte ihm, bevor wir dazu kämen, benötigte ich einen wahrhaftigen Erweis seines Gehorsams. Ich sagte ihm, er müsse, während Lorenzo morgens in der Zelle sei, unbeweglich, das Gesicht zur Wand gewendet, auf seinem Strohsack liegenbleiben; wenn Lorenzo etwas zu ihm sage, dürfe er ihn nicht ansehen und nur antworten, daß ihn die Flöhe nicht schlafen ließen. Er versprach, er werde genau tun, was ich befohlen hätte. Ich fügte in sanftem, aber festem und gewichtigem Ton hinzu, all dies sei mir so eingegeben, und es sei meine Pflicht, ihn nicht aus dem Auge zu lassen, und mich, wenn ich sähe, daß er den geringsten Blick auf Lorenzo werfe, sofort auf ihn zu stürzen und ihn zu erwürgen. In der Nacht schrieb ich dem Mönch die Geschichte dieses Wunders, um ihm verständlich zu machen, wie wichtig die Genauigkeit in der Rolle des Engels gewesen war, die ich ihn hatte spielen lassen. Ich sagte ihm, wir würden in der Nacht des einunddreißigsten ausbrechen, und wir seien zu viert, seinen Gefährten mitgerechnet.

Am Morgen vollführte Soradaci ganz musterhaft, was er gelernt hatte: er tat so, als schliefe er. Gleiches Erstaunen und vermehrter Glaube, als nach dem Essen der Engel wieder kam. Ich redete nur erhabenes Zeug an Soradaci hin, das seinen gläubigen Wahn steigern sollte, und ließ ihn nicht in Ruhe, bis ich sah, daß er vom Wein trunken kurz vor dem Einschlafen war oder davor, in einen Krampfzustand zu verfallen, der von einer außerirdischen Kraft kommen mochte, die einem Kopf, der seine Fähigkeiten nie zu etwas anderem gebraucht hatte als zum Erfinden von Spitzel-Tricks, vollständig fremd und neu sein mußte. An einem dieser Tage umarmte er mich und sagte, er begreife nicht, wie ein Engel so lange dazu brauchen könnte, die Dielen zu durchbrechen. Als ich erfuhr, daß die kleine kreisförmige Rille fertig war, ließ ich ihn schwören, er werde sein häßliches Handwerk aufgeben, und schwor ihm, ich würde ihn nie verlassen.

Möglicherweise wird hier der eine oder andere Leser eine Erklärung benötigen darüber, wie ich über diesen Schwur dachte und über den Gebrauch, den ich von den heiligen Geheimnissen unserer Religion machte, um den elenden Kerl zu überlisten. Ich muß sie sehr allgemein als Entschuldigung formulieren; denn ich will bei niemanden Anstoß erregen, will mich aber auch nicht für einen anderen ausgeben als ich bin. Sagen wir so: Ich will mich nicht brüsten, will aber auch nicht beichten; mein Ziel ist es, die reine Wahrheit zu schreiben, ohne mich von dem Urteil, das ein Leser über meine Art zu denken oder über meine Moral fällen könnte, einengen zu lassen; doch in einer Art Rechenschaftsbericht kann ich mich immerhin ein wenig dazu erklären.

Ich rühme mich nicht, meine Religion und das Fünkchen, das

dieser Mensch davon in seiner Seele hatte, mißbraucht zu haben, denn ich weiß, daß ich mich ihrer nur mit Widerwillen bedient habe und daß ich, bei der Notwendigkeit zu fliehen, nicht anders verfahren konnte. Ich beichte aber auch nicht, daß ich getan habe, was ich getan habe, denn ich erröte nicht dabei, ich habe nämlich keine Reue empfunden und fühle, daß ich heute genauso handeln würde, wenn die Lage es verlangte. Die Natur gebot mir, zu fliehen; die Religion verbot es mir nicht; ich hatte keine Zeit zu verlieren; ich mußte einen Spitzel, der bei mir war und der mir seine Sinnesart zu erkennen gegeben hatte, außerstande setzen, Lorenzo davon zu unterrichten, daß die Decke durchbrochen wurde. Was sollte ich tun? Es gab nur zwei Möglichkeiten, und ich mußte wählen: entweder das tun, was ich getan habe, nämlich ihm die Seele fesseln – oder ihn durch Erwürgen zum Schweigen zu bringen, was mir sehr viel leichter gefallen wäre und weswegen ich nichts zu fürchten gehabt hätte, denn ich hätte gesagt, er sei eines natürlichen Todes gestorben; ich nehme an, niemand hätte sich die Mühe gemacht, herauszubekommen, ob das zutraf oder nicht. Wo ist der Leser, der etwa denkt, ich hätte ihn lieber erwürgen sollen? Wenn es einen gibt, mag Gott ihn erhellen; seine Religion wird niemals die meine sein. Ich tat, was ich mußte, und der Erfolg, der meine Anstrengung krönte, mag als Beweis gelten, daß sie von der ewigen Vorsehung gutgeheißen wurde. Was den Schwur angeht, den ich ihm leistete, nämlich daß ich immer für ihn sorgen würde, so hat er mich Gott sei Dank selber davon befreit, denn er wollte nicht mit mir fliehen; doch ich vertraue dem geneigten Leser an: falls er sich mit mir gerettet hätte, so hätte ich mich nicht für meineidig gehalten, wenn ich mich dieses Menschen entledigt hätte, sobald ich glaubte, es mit einiger Sicherheit tun zu können, und wenn ich ihn an einen Baum hätte knüpfen müssen. Als ich ihm ewige Hilfe schwor, wußte ich, daß seine Gläubigkeit nur so lange dauern konnte wie die Übersteigerung seines Wahns, und die mußte in dem Augenblick verschwinden, da er sah, daß der Engel ein Mönch war. *Non merta fè chi non la serba altrui*, sagt Tasso. Der Mensch hat noch viel mehr Recht, alles für die Erhaltung seiner selbst zu tun, als die Herrscher, ihren Staat zu erhalten.

Am Abend des dreißigsten schrieb ich an Pater Balbi, er solle das Loch um die achtzehnte Stunde öffnen und zu mir hereinkommen; er solle die Schere bei sich tragen, von der ich wußte, daß der Graf die Vergünstigung hatte, sie zu besitzen. Am einunddreißigsten frühmorgens sah ich Lorenzo zum letzten Mal; sobald er fort war, sagte ich zu Soradaci, der Engel komme um die achtzehnte Stunde durch das Loch in der Decke, durch das wir hinausgehen würden, um noch ein anderes Loch zu machen. Ich sagte weiter, der Engel habe einen so langen Bart wie ich und habe eine Schere dabei, mit der Soradaci uns beiden den Bart schneiden müsse. Soradaci wunderte sich zwar unentwegt, zweifelte aber an nichts mehr und versprach mir Gehorsam. Alles war vorbereitet, ich mußte mich nicht mehr darum bekümmern, daß er es auch wirklich glaubte. Nie sind mir sieben Stunden so lang geworden. Beim leisesten Geräusch, das ich draußen hörte, rechnete ich damit, Lorenzo zu sehen, der vielleicht den Spitzel holen wollte, und der hätte nicht versäumt, ihm sogleich alle Wunder zu erzählen, deren Zeuge er geworden war; ich wäre vor Entsetzen gestorben. Ich schlief nicht, ich konnte nicht essen und nicht trinken. Endlich schlug die achtzehnte Stunde.

Der Engel brauchte nur zehn Minuten, um die kleine Rille vollends auszukerben und das Loch zu öffnen. Mit meinen Armen nahm ich Pater Balbi in Empfang, der mit den Beinen voraus ankam. Ich umarmte ihn herzlich und sagte: *nun ist Euer Werk vollendet; das meine beginnt sogleich.* Ich bekam alsbald die Pike in die Hand; die Schere reichte ich Soradaci weiter, damit er uns den Bart schneide. Dieser Mann war ganz außer sich und betrachtete den Mönch, der wie alles mögliche, bloß nicht wie ein Engel aussah. Trotz seiner Verwirrung rasierte er uns mit der Spitze der Schere in weniger als einer Stunde, und zwar meisterhaft.

Auf lateinisch sagte ich dem Mönch, er solle dableiben, denn ich wollte den Schurken nicht allein lassen; ich stieg auf meinen Sessel und drückte mich mit den Beinen ab; so kam ich hinaus und fand mich auf der Decke meiner Zelle wieder. Ich ging zu der Mauer, wo ich große Mühe hatte, durch das Loch zu kriechen, das entgegen meinen Anweisungen zu hoch und zu schmal war, aber ich kam durch. Auf der anderen Seite der Mauer war ich über der Zelle des Grafen; ich ließ mich hinab und umarmte den unglückseligen Greis herzlich. Vor mir stand eine Männergestalt, die nicht dafür gemacht war, auf Schwierigkeiten und Gefahren zuzugehen, wie wir ihnen durch solch eine Flucht über ein großes abschüssiges, mit Bleiplatten gedecktes Dach ausgesetzt sein würden. Er fragte mich zuerst nach meinem Plan und sagte, er glaube, ich habe zu viele Schritte unbedacht getan. Ich antwortete ihm, ich hätte mich absichtlich in eine Lage begeben, in der ich nicht mehr zurückkönne und entweder die Freiheit oder den Tod finden müsse. Der Graf drückte mir die Hand und sagte, selbst wenn ich das Dach des Palazzo durchbräche und zu einem Ausgang gelangte – den er keineswegs vor sich sehe –, so hätte er nicht den Mut, mir zu folgen, denn er sei sicher, daß er abstürzen würde; unter diesen Umständen bleibe er lieber hier, um für uns zu Gott zu beten, während wir eine Möglichkeit zur Flucht suchten.

Ich war ungeduldig, die Örtlichkeit zu sehen, und stieg wieder hinauf, um zu den Dachschrägen des Speichers zu gehen; ich erreichte das Dach und beugte mich vor, so weit ich konnte, um so nah wie möglich an die Traufenkante zu gelangen. Ich saß bequem zwischen dem Dachgebälk, wie es die Speicher aller großen Häuser haben, stocherte zwei Minuten mit der Spitze meines Stabes in den Brettern und fand sie ziemlich morsch. Ich fühlte mich leicht imstande, in weniger als einer Stunde eine hinreichend große Öffnung zu machen. Aus vollem Herzen dankte ich der ewigen Vorsehung und kehrte durch die Maueröffnung wieder zurück in meine Zelle; dort brachte ich vier Stunden damit zu, meine Bettücher, Handtücher, Servietten, Decken und Matratzenbezüge in Streifen zu schneiden und alle diese langen Stücke aneinanderzuknoten, so daß ich hundert Faden sehr starkes Tau beisammen hatte. Auf dessen Haltbarkeit konnte ich mich verlassen, denn ich selber hatte die Knoten gemacht, sogenannte Schotsteks. Diese Sorgfalt war notwendig, denn nur ein einziger schlechter Knoten brauchte aufzugehen, und schon wäre der Mann, der in diesem Augenblick an dem Tau hing, abgestürzt. Bei großen Unternehmungen gibt es Dinge, von denen alles abhängt, und bei denen ein ernsthaft vorsorglicher Anführer niemandem trauen darf.

Dann machte ich ein Bündel aus meinem Anzug, meinem Seidenmantel, einigen Hemden, Strümpfen, Taschentüchern, und wir alle drei gingen samt unserem Gepäck in die Zelle des Grafen. Der sagte als erstes einige Artigkeiten zu Soradaci, daß er das eine Glück gehabt habe, mit mir zusammen eingesperrt gewesen zu sein, und das andere, jetzt mir folgen zu können. Soradaci antwortete nichts. Seine verdutzte Miene machte mir die größte Lust zu lachen. Ich gab mir nun keine Mühe mehr; ich hatte die Maske der Verstellung, die ich seit einer Woche den ganzen Tag aufhatte, zum Teufel geschickt. Der Spitzel hatte erkannt, daß ich ihn getäuscht hatte, aber er verstand nicht, wie; denn er konnte nicht begreifen, auf welchem Weg ich mich mit dem vermeintlichen Engel verständigt haben könnte, der zu den Zeiten gekommen und gegangen war, die ich jeweils angekündigt hatte. Er hörte den Grafen sagen, daß wir uns der höchsten Gefahr des Untergangs aussetzen würden, und, feige wie er nun einmal war, bewegte er in seinem Kopf den Gedanken, sich aus dieser gefährlichen Unternehmung zurückzuziehen. Ich sagte dem Mönch, er solle sein Bündel schnüren, während ich das Loch in das untere Ende der Dachschräge machen wollte.

Eineinhalb Stunden nach Sonnenuntergang hatte ich die Öffnung vollendet, nicht indem ich die Bretter brach, sondern indem ich sie aufrieb. Das Loch war ziemlich groß und war nur noch durch die Bleiplatte bedeckt, die ganz freilag. Ich ließ mir von Pater Balbi helfen, sie hochzustemmen, denn sie war über die Kante der marmornen Dachrinne geknickt oder gebogen; doch es gelang mir, sie loszulösen, indem ich die Pike zwischen die Regenrinne und die Platte schob, und dann bogen wir sie mit unseren Schultern so weit auf, daß die Öffnung für das Hindurchschlüpfen ausreichte. Ich steckte den Kopf durch das Loch und sah mit Unwillen die Helligkeit des Mondes, der wohl am nächsten Tag in seinem ersten Viertel war. Das war ein unerwartetes Hindernis, das Geduld von uns verlangte; wir mußten mit dem Ausbrechen bis Mitternacht warten, wo der Mond unseren Antipoden leuchtete. In einer so herrlichen Nacht, wo gewiß alles, was auf sich hielt, auf dem Markusplatz spazieren ging, konnte ich uns nicht der Gefahr aussetzen, bei einem Spaziergang hier oben gesehen zu werden. Man würde unsere langen Schatten auf dem Pflaster des Platzes bemerken, man würde den Blick erheben, und wir würden ein außerordentliches Schauspiel abgeben für die Neugier der Menschen, die die ganze Nacht hindurch wachen, – die einzige Nachtwache der großen Stadt. Vor allem aber würde es die Neugier des *Messer grande* erwecken, der sogleich den Einfall hätte, eine Anzahl Leute hinaufzuschicken, die meinen ganzen Plan zunichte machten.

Ich war auf Gottes Willen zurückgeworfen und bat ihn um Hilfe, nicht um Wunder. War ich nun schon den Launen des Schicksals ausgeliefert, so wollte ich ihm doch möglichst wenig Angriffsflächen bieten. Wenn meine Unternehmung scheiterte, durfte ich mir nicht den geringsten Fehler vorzuwerfen haben. Der Mond würde gewiß vor der sechsten Stunde untergehen, und Sonnenaufgang war um dreizehneinhalb. So blieben uns sechs Stunden völliger Dunkelheit, in denen wir handeln konnten.

Ich sagte zu Pater Balbi, wir würden vier Stunden mit dem Grafen Asquini verplaudern; er möge schon einmal allein zu ihm gehen und ihn darauf vorbereiten, daß ich von ihm dreißig Zechinen zu leihen nehmen müsse, die mir so notwendig werden könnten, wie es mir die Pike für alles bisher Getane gewesen war. Balbi erledigte meinen Auftrag und kehrte vier Minuten später zurück, um mir zu sagen, ich möchte allein hingehen, der Graf wünsche mich ohne Zeugen zu sprechen. Der gute Greis begann damit, mir liebevoll zu sagen, daß ich zur Flucht kein Geld benötige, daß er keins besitze, daß er nicht reich sei, daß er eine zahlreiche Familie habe, daß das Geld verloren sein würde, wenn ich unterginge, und viele andere Gründe, die alle seinen Geiz verdecken sollten. Meine Antwort dauerte eine halbe Stunde, der Leser mag sie sich ausmalen. Ich brachte vorzügliche Argumente auf, doch Argumente haben noch nie, seit die Welt besteht, die Kraft zu überreden oder zu überzeugen gehabt; denn wenn eine Leidenschaft mit aller Macht am Werke ist, kann der beste Redner sie nicht überwinden. Es ist ein Fall von *nolenti baculus*, doch es schien mir allzu grausam, dieses Mittel bei dem Grafen anzuwenden. Ich sagte ihm schließlich, wenn er mit mir fliehen wolle, würde ich ihn auf meinen Schultern tragen wie Äneas seinen Vater Anchises; wolle er hingegen bleiben und zu Gott beten, daß er uns führe, so mache ich ihn darauf aufmerksam, daß sein Gebet widersinnig sei, denn dann bäte er Gott, etwas gelingen zu lassen, wozu er selber nicht den einfachsten Beitrag geleistet habe. *Quisque sibi est deus.* Seine Stimme ließ mich Tränen ahnen, und das bewegte mich; er fragte, ob mir zwei Zechinen genügten; ich erwiderte, mir müsse alles recht sein. Er gab mir das Geld mit der Bitte, es ihm wiederzugeben, wenn ich mich nach einem Rundgang auf dem Dach entschieden hätte, doch in meine Zelle zurückzukehren. Über diesen Vorschlag hätte ich fast gelacht, weil ich eine Rückkehr für ausgeschlossen hielt.

Ich rief meine Gefährten, und wir stellten unsere ganze Ausrüstung in die Nähe des Loches. Die hundert Faden Tau teilte ich in zwei Bündel, und wir verplauderten drei Stunden. Pater Balbi begann mir eine schöne Kostprobe seines Charakters zu liefern, indem er zehnmal wiederholte, ich sei ihm gegenüber wortbrüchig geworden, denn in meinen Briefen hätte ich versichert, mein Plan zu unserer Rettung sei fertig und sicher, während es sich doch durchaus nicht so verhalte; wenn er das vorhergesehen hätte, hätte er mich nicht aus der Zelle geholt.

Der Graf sagte, die klügste Entscheidung wäre, zu bleiben wo wir waren, denn er sehe voraus, daß die Flucht unmöglich und die Gefahr, dabei sein Leben zu verlieren, offenkundig sei; er sagte, die Schräge des mit Bleiplatten verkleideten Daches erlaube nicht, sich dort aufrecht zu halten und noch weniger, darauf zu gehen; er sagte, alle Luken seien eisenvergittert und unzugänglich, denn sie hätten großen Abstand vom Rand; er sagte, die Taue würden mir überhaupt nichts nützen, denn ich würde keine Stelle finden, wo sich ein Ende befestigen ließe; er sagte, wenn wir trotzdem eine solche Stelle gefunden hätten, könne ein Mensch, der sich von so großer Höhe herunterlassen wollte, sich nicht lange genug an den Armen hängend halten oder bis unten hinunterhangeln; er sagte, einer von uns dreien müsse einen nach dem anderen hinunterlassen wie einen Eimer in den Brunnen, und wer von uns diesen Liebesdienst übernommen hätte, fühle sich wohl dazu ausersehen, dazubleiben und in seine Zelle zurückzukehren; er sagte, angenommen, wir würden uns alle drei abseilen, so könnten wir dafür doch nur die Seite zum Kanal hin in Betracht ziehen, denn auf der anderen sei der Hof, wo die *Arsenalotti* die ganze Nacht lang Wache ständen; er sagte, da auf dem Kanal vor dem Palast keine Gondel und kein Schiff unterwegs seien, würden wir den Kanal schwimmend überqueren müssen und, in einem erbärmlichen Zustand, völlig durchnäßt, nicht wissen, wo wir mitten in der Nacht hingehen könnten, um uns so weit in Ordnung zu bringen, daß wir alsbald die Flucht ergreifen könnten; er sagte, wir würden nichts unternehmen können, wenn wir den Tag abwarteten, denn man würde uns sogleich festnehmen; er sagte, der geringste ungeschickte Tritt auf den Bleiplatten würde uns ausrutschen und in den Kanal fallen lassen, wo man nicht glauben dürfe, man entkomme dem Tod, wenn man nur schwimmen könne; es handele sich nicht darum, zu ertrinken, sondern zu zerschellen, denn der Kanal sei bei Flut nur acht oder neun, bei Ebbe nur zwei oder drei Fuß tief; er sagte, ein Mann, der von dieser Höhe falle, schlage unrettbar am Boden auf, die Wassertiefe könne die Wucht des Sprungs nicht auffangen; er sagte, das mindeste, was demjenigen zustoßen würde, der in den Kanal stürze, seien gebrochene Arme oder Beine.

Ich hörte die beiden Reden an mit einer Geduld, die überhaupt nicht zu meiner sonstigen Wesensart paßte. Die Vorhaltungen, die mir der Mönch ohne jede Rücksicht gemacht hatte, brachten mich auf und reizten mich dazu, sie in angemessenen Worten zu erwidern; doch ich sah, daß ich meine ganze Planung zerstören würde, denn ich hielt es für unmöglich, allein oder nur mit Soradaci, dem Berufsverräter und geborenen Feigling, zu fliehen. Ich beschränkte mich also darauf, Pater Balbi milde zu sagen, er könne sicher sein, daß ich mich nicht getäuscht habe und daß wir uns in Sicherheit bringen würden, auch wenn ich nicht imstande sei, ihm meinen Plan im einzelnen darzulegen. Zum Grafen Asquini sagte ich, seine Überlegungen seien klug, und ich wolle daraus den Nutzen ziehen, noch vorsichtiger zu sein; gewiß werde uns das Ungemach, in den Kanal zu fallen, nicht zustoßen, mein Vertrauen in Gott sei größer als das seine.

Soradaci tat den Mund überhaupt nicht auf; ich streckte ihm oft die Hände entgegen, um zu sehen, ob er ganz da war oder ob er schlief. Ich lachte bei dem Gedanken daran, was in seinem bösartigen Gehirn vorgehen mochte, das erkannt haben mußte, daß ich ihn getäuscht hatte. Viereinhalb Stunden nach Sonnenuntergang sagte ich ihm, er möge nachsehen, wo der Mond am Himmel stehe. Als er wiederkam sagte er, er werde in einer halben Stunde untergegangen sein, und ein dichter Nebel werde die Bleidächer sehr gefährlich machen. Ich antwortete, die Hauptsache sei, der Nebel sei nicht aus Öl, und fragte ihn, ob er seinen Mantel zu einem Paket geschnürt habe. *Ihr tut mir doch den Gefallen*, sagte ich zu ihm, *Euch eines unserer gebündelten Taue um den Hals zu hängen; das andere trage ich selbst.*

Nun geschah etwas Überraschendes: ich spürte diesen Menschen an meinen Knien. Er ergriff meine Hände, küßte sie und sagte weinend, er flehe mich an, ich möge nicht seinen Tod wollen. Er sei überzeugt, sagte er, er werde in den Kanal fallen, wo es ihm nichts nütze, daß er schwimmen könne. Er versicherte mir, er würde mir überhaupt nicht nützlich sein, könne mich vielmehr nur behindern, und wenn ich ihn daließe, würde er die ganze Nacht darauf verwenden, den heiligen Franziskus zu bitten, er möge mir helfen. Am Schluß seiner flehentlichen Rede sagte der Dummkopf, ich sei Herr über sein Leben, aber da er nicht in Verzweiflung handeln müsse, werde er niemals von sich aus den Entschluß fassen, mir zu folgen. Ich hörte seinen Worten mit Freuden zu, denn eine Gesellschaft wie die seine konnte mir nur Unglück bringen.

Ich antwortete ihm, er wäre mir sehr viel hilfreicher, wenn er in seiner Zelle bleibe und zum heiligen Franziskus bete, als wenn er mit mir komme, und ich wolle ihm auf der Stelle alles vermachen, was mir gehöre, mit Ausnahme der Bücher, die er jetzt gleich zum Herrn Grafen hinübertragen sollte. Soradaci lief ohne eine Antwort rasch in meine Zelle und brachte dem Grafen in vier Gängen alle meine Bücher; der sagte, er werde sie für mich aufbewahren, und ging nicht darauf ein, als ich ihm sagte, ich wäre viel zufriedener, wenn ich sie ihm für fünf oder sechs Zechinen verkaufen könnte. Ein Geizhals ist immer verächtlich, doch es gibt Fälle, wo die Menschlichkeit ihm vergeben muß. Die hundert Zechinen, die der Greis besitzen mochte, waren sein einziger Trost im Gefängnis. Ich muß freilich gestehen: wenn ich angenommen hätte, daß meine Flucht nur mit seinem Geld möglich war, so hätte mich meine Vernunft gezwungen, mein Mitgefühl zu unterdrücken, das dann nur ein Zeichen von Schwäche gewesen wäre. Ich bat den Mönch um Papier, Feder und Tinte, was er trotz der Verbote besaß; folgenden Brief hinterließ ich Soradaci, ich schrieb ihn im Dunkeln klarer, als wenn ich ihn bei hellichtem Tage geschrieben hätte. Während ich schrieb, sprach ich laut und deutlich das Geschriebene, denn Nachlesen wäre unmöglich gewesen. Ich begann mit einem erhabenen Motto, das mir angesichts unserer Umstände bedeutend vorkam:

Non moriar sed vivam, et narrabo opera Domini – David in psalmis.

Unsere Herren Staatsinquisitoren tun alles, um einen Schuldigen mit Gewalt im Gefängnis zu halten. Der Schuldige, glücklich darüber, daß nicht sein Denken und Reden eingesperrt ist, muß alles tun, um die Freiheit wieder zu erlangen. Das Recht der Inquisitoren beruht auf der Gerichtsbarkeit, das des Schuldigen auf der Natur. So wie sie nicht sein Einverständnis benötigen, um ihn einzusperren, kann er nicht das ihre nötig haben, um zu fliehen. Ja. Ca., der dies mit Herzensbitterkeit schreibt, weiß, daß ihm das Unglück zustoßen kann, daß er, ehe er außer Landes ist, ergriffen und in die Hände derer zurückgebracht wird, in deren Gewalt er war. Für diesen Fall erfleht er auf den Knien von seinen großmütigen Richtern, daß sie sein Schicksal nicht grausamer machen möchten, indem sie ihn für etwas bestrafen, das er unter dem Zwang von Vernunft und Natur getan hat. Er bittet flehentlich darum, daß man ihm, wenn er wieder ergriffen wird, all seine Habe wiedergibt und ihn in der Zelle läßt, die er beschädigt hat. Hat er aber das Glück, sich außer Landes frei wiederzufinden, so vermacht er alles, was er hier hinterläßt, Francesco Soradaci, der Gefangener bleibt, weil er die Gefahren fürchtet, denen ich mich aussetze, und nicht, wie ich, seine Freiheit mehr liebt als sein Leben. C... erfleht die große Gnade Eurer Exzellenz, dieses Geschenk dem armen Menschen nicht streitig zu machen. Geschrieben um Mitternacht, ohne Licht, in der Zelle des Grafen

Asquini, den 31. Oktober 1756. *Castigans castigavit me Dominus, et morti non tradidit me.*

Ich gab Soradaci diesen Brief und riet ihm, ihn nicht Lorenzo, sondern eigenhändig dem Sekretär zu geben, der es sich gewiß nicht nehmen lassen werde, selber heraufzukommen. Der Graf sagte ihm, mein Schreiben sei so abgefaßt, daß es seinen Zweck auf jeden Fall erfülle, so daß ihm alles, was ich hatte, gehöre, daß er mir aber alles zurückgeben müsse, falls ich wiederkäme. Er antwortete, er sei nicht habgierig, und er würde sich freuen, mich wiederzusehen. Diese Antwort brachte uns zum Lachen.

Nun war es aber Zeit zum Aufbruch. Pater Balbi war schweigsam. Ich erwartete, von ihm zu hören, er wolle mir lieber nicht folgen – ich wäre ratlos gewesen –, aber er kam. An seinen Nakken, auf die linke Schulter gestützt, band ich ihm ein Bündel Tau, auf die rechte packte er sich dasjenige mit seinen armen Habseligkeiten. Ich tat das gleiche. Beide in Weste, den Hut auf dem Kopf, krochen wir auf allen Vieren durch die Öffnung, vorneweg ich, hinter mir der Mönch. Mein Gefährte drückte die Bleiplatte wieder hinunter. Der Nebel war nicht dicht. In diesem schwachen Schimmer umfaßte ich meine Pike, streckte sie vor und stieß sie schräg in die Fuge zwischen zwei Platten, so daß ich mich mit vier Fingern am Rand jeder angehobenen Platte hochziehen und auf diese Weise bis zum Dachfirst hinaufsteigen konnte. Der Mönch hielt sich, damit er mir folgen konnte, mit den vier Fingern seiner rechten Hand am Gürtel meiner Hose fest, in der Nähe der Schnalle, wodurch ich mich in der unglücklichen Lage eines Tieres befand, das gleichzeitig trägt und zieht, noch dazu einen vom Nebel feuchten Hang hinauf. Auf der Hälfte dieses recht gefährlichen Anstiegs sagte der Mönch, ich solle anhalten, denn eines seiner Bündel habe sich von seinem Hals gelöst und sei wahrscheinlich nicht weiter als bis zur Regenrinne hinuntergerollt. Zuerst war ich versucht, ihm einen Fußtritt zu versetzen: mehr wäre nicht nötig gewesen, um ihn ganz schnell zu seinem Bündel zu bringen; doch Gott gab mir die Kraft, mich zurückzuhalten; die Strafe wäre auf beiden Seiten zu hart gewesen, denn allein hätte ich mich keinesfalls retten können. Ich fragte ihn, ob es das Bündel mit dem Tau sei; doch als er erwiderte, es sei das mit seinem schwarzen Gehrock, zwei Hemden und einem wertvollen Manuskript, das er in den Bleikammern gefunden hatte und das angeblich sein Glück machen werde, sagte ich ihm ruhig, wir müßten Geduld haben und unseren Weg gehen. Er seufzte und folgte mir, noch immer an meinem Hintern angehängt.

Nachdem wir über fünfzehn oder sechzehn Platten hinweg gelangt waren, befanden wir uns auf der obersten Höhe des Daches; hier machte ich die Beine breit und setzte mich bequem rittlings hin. Der Mönch tat das gleiche hinter mir. Im Rücken hatten wir die kleine Insel San Giorgio Maggiore, vor uns waren die vielen Kuppeln der großen Markuskirche, die zum Dogenpalast gehört: es ist die Hauskapelle des Dogen; kein Monarch auf Erden kann sich einer gleich schönen rühmen. Ich lud sogleich meine Lasten ab und sagte meinem Gefährten, er könne das auch tun. Er legte sein Bündel Tau ziemlich geschickt zwischen die Schenkel, doch sein Hut, den er auch dorthin legen wollte, verlor das Gleichgewicht und fiel, nach vielen Purzelbäumen auf dem Weg bis zur Dachrinne, in den Kanal. Da war mein Gefährte untröstlich. *Schlechtes Vorzeichen*, sagte er, *da bin ich nun schon am Anfang der Unternehmung ohne Hemd, ohne Hut, ohne das Manuskript, das die kostbare und für jedermann völlig unbekannte Geschichte aller Feste des Palastes der Republik enthält.* Ich war jetzt weniger grimmig als beim Aufstieg und sagte ihm ganz ruhig, die beiden Zwischenfälle hätten nichts Außergewöhnliches an sich, nichts, weshalb ein Abergläubischer sie Vorzeichen nennen könne; ich hielte sie nicht für solche und sie entmutigten mich nicht; er müsse sie aber als letzte Aufforderung verstehen, vorsichtig und klug zu sein; er solle sich klar machen, daß wir unrettbar verloren gewesen wären, wenn er seinen Hut statt nach rechts nach links hätte rollen lassen. Wäre der Hut nämlich in den Innenhof des Palastes gefallen, so hätten ihn die *Arsenalotti*, die dort die ganze Nacht die Runde machen, aufgehoben und jemanden auf den Bleidächern vermutet; sie hätten nicht gesäumt, ihre Pflicht zu tun und einen Weg zu finden, uns hier oben zu besuchen.

Ich verbrachte einige Minuten damit, nach rechts und nach links zu sehen, und sagte dann zum Mönch, er solle bis zu meiner Rückkehr hier mit den Bündeln warten. Ich zog los, nur die

Pike in der Hand, und rutschte auf dem Hintern rittlings auf der Kante voran, ohne jede Schwierigkeit. Fast eine Stunde brauchte ich, um überall hinzukommen und zu untersuchen, zu beobachten, zu prüfen; da ich an keinem der Ränder eine Stelle fand, an der ich das Ende meines Taues hätte befestigen können, um mich an einen sicheren Ort hinunterzulassen, war ich in arger Verlegenheit. Man durfte jetzt weder an den Kanal noch an den Hof des Palastes denken. Die Oberansicht der Kirche bot meinem Blick nur Abgründe zwischen Kuppeln, die immer in völlig abgeschlossenen Räumen endeten. Um auf die andere Seite der Kirche zu gelangen, zum Haus der Kanoniker, hätte ich gewölbte Steigungen erklimmen müssen. Natürlich verwarf ich sofort alles, was ich nicht für machbar hielt. Ich war in der Zwangslage, tollkühn aber nicht unvorsichtig sein zu müssen. Das war eine Gratwanderung, wie sie, glaube ich, die Morallehre nicht einmal andeutungsweise kennt.

Mein Blick und mein Denken blieben an einer Luke auf der Kanalseite hängen, auf zwei Drittel Höhe der Dachschräge. Sie war ziemlich weit von der Stelle entfernt, wo ich herausgekommen war; so konnte ich sicher sein, daß der Speicherraum, dem sie Licht zu geben hatte, nicht zum Gefängnistrakt gehörte, aus dem ich ausgebrochen war. Sie konnte nur zu einem bewohnten oder unbewohnten Dachboden über irgend einem Gemach des Palastes führen, wo ich bei Tagesanbruch vermutlich offene Türen finden würde. Die Diener des Palastes oder die der Dogenfamilie würden sich, wenn sie uns sähen, beeilen, uns hinauszubefördern, und alles tun, außer uns der Justiz zu überantworten, ungeachtet dessen, daß sie uns als die größten Staatsverbrecher erkannt haben würden.

Mit diesem Plan mußte ich die Vorderseite der Luke untersuchen, und ich machte mich sogleich daran: ich hob ein Bein und ließ mich hinabgleiten, bis ich mich sitzend auf der kleinen schrägen Gaube von drei Fuß Länge und anderthalb Fuß Breite befand. Ich beugte mich weit vor, wobei ich mich mit den Händen an den Rändern festhielt und meinen Kopf der Luke näherte: ich sah, fühlte eigentlich mehr, ein ziemlich dünnes Eisengitter und dahinter ein Fenster mit runden Scheiben, die mit kleinen Bleifalzen verbunden waren. Das Fenster, obwohl geschlossen, machte mir nichts aus, aber das Gitter, so dünn es sein mochte, erforderte eine Feile, und ich hatte nur meine Pike.

Ich war gedankenverloren, traurig und unklar im Kopf und wußte nicht, was tun. Da geschah etwas ganz Gewöhnliches und machte auf meine verblüffte Seele den Eindruck eines wahren Wunders. Ich hoffe, mein aufrichtiges Bekenntnis wird mich in den Augen meines gewiß sehr ausgeglichenen Lesers nicht vernichten; er möge bedenken, daß der Mensch in Aufregung und Verzweiflung nicht die Hälfte dessen ist, was er im Zustand der inneren Ruhe sein kann. Die Glocke von Sankt Markus, die in diesem Augenblick Mitternacht schlug, war das Geschehnis, das meinen Geist anstieß und ihn sehr heftig aus der gefährlichen Trägheit, die ihn befallen hatte, aufrüttelte. Diese Uhr erinnerte mich daran, daß der nun beginnende Tag Allerheiligen war, wo mein Schutzheiliger, wenn ich denn einen hatte, Namenstag haben mußte; doch was mit sehr viel größerer Macht meinen Mut hob und wirklich auch meine Körperkräfte steigerte, war das weltliche Orakel, das ich von meinem lieben Ariost erhalten hatte: *Tra il fin d'Ottobre e il capo di Novembre:* dies war der Augenblick! Wenn ein großes Unglück einen starken Geist kleinlaut macht, wird sich fast unausweichlich der Aberglaube seiner bemächtigen. Dieser Glockenton sprach zu mir; er sagte mir, ich solle handeln, und er versprach mir den Sieg. Ich stieß meine Pike in den Rahmen, der das Gitter umgab, und entschloß mich, ihn zu zerstören und das Gitter ganz zu entfernen. Ich brauchte nur eine Viertelstunde, um alles Holz der vier Rahmenseiten in Stücke zu zerlegen. Ich hatte das Gitter in den Händen und lehnte es seitlich an die Luke. Es war auch nicht schwierig, das ganze verglaste Fenster aufzubrechen; mit der linken Hand riß ich die Scheiben heraus, wobei ich mich leicht verletzte; aber ich achtete nicht auf das Blut.

Mit Hilfe meines Stabes erklomm ich das Dach wieder in der zuvor geübten Weise und setzte mich rittlings dorthin, wo ich mich von meinem Gefährten getrennt hatte. Ich fand ihn verzweifelt und wütend. Er beschimpfte mich, weil ich ihn anderthalb Stunden allein gelassen hatte; er versicherte mir, er werde nur noch das Schlagen der siebten Stunde abwarten und dann in sein Gefängnis zurückkehren; er wundere sich, mich zu sehen, denn er habe schon geglaubt, ich sei in einen Abgrund gefallen. Ich verzieh alles seiner kläglichen Lage und seiner Wesensart. Ich band meine Ausrüstung und die Taue wieder an meinen Hals und sagte ihm, er solle mir folgen. Als wir auf der Höhe des Lukendachs waren, gab ich ihm einen genauen Bericht über das, was ich getan hatte, und beriet mit ihm einen Weg, wie wir beide dort hinein gelangen konnten. Es komme mir ganz einfach vor, daß der eine vom anderen mit dem Tau hinuntergelassen würde; aber ich wisse nicht, welches Mittel der andere anwenden könnte, um ebenfalls hinab zu gelangen; also: ich sähe nicht, wie ich, nachdem ich ihn ohne Schwierigkeit hinuntergelassen haben würde, das Seil festmachen solle. Wenn ich von der Luke aus in die Tiefe springen würde, so könnte ich mir das Bein brechen; ich wisse nicht, wie tief solch ein kühner Sprung sein würde. Auf diese kluge und in freundschaftlichem Ton vorgetragene Rede antwortete der Mönch, ich solle ihn nur erst hinunterlassen; danach hätte ich genug Zeit, auf ein Mittel zu sinnen, wie ich ihn an dem Ort, wohin ich ihn abgeseilt hätte, wieder treffen könne.

Ich hatte mich genug in der Hand, um ihm nicht die ganze Feigheit dieser Antwort vorzuhalten, aber nicht genug, um länger damit zu warten, ihn in Sicherheit zu bringen. Ich öffnete mein Bündel, band ihm das Tau unter den Achseln um den Brustkorb, hieß ihn sich auf den Bauch legen und ließ ihn rückwärts bis zu dem kleinen Lukendach hinabrutschen; ich saß noch immer rittlings auf dem First, hielt das Ende des Taues und sagte ihm, er solle mit den Beinen bis zu den Hüften ins Fenster hinein schlüpfen und sich dabei mit den Ellbogen am Dach der Luke festhalten. Dann ließ ich mich auf der Dachschräge wie beim ersten Mal bäuchlings hinabgleiten und sagte ihm, er solle sich ohne Furcht fallenlassen, denn ich hielte das Tau fest. Als er auf dem Fußboden des Speichers stand, band er das Tau los, das ihn gürtete; ich zog es hoch und maß es dabei ab, wobei ich sah, daß der Abstand von der Luke bis zum Fußboden zehn Armlängen war. Das war zu hoch, um einen Sprung zu wagen. Er sagte mir, er befinde sich auf einem Bodenbelag aus Bleiplatten. Der Rat, den er mir von da unten gab und den ich nicht befolgte, war, ich solle die Bündel von Tauen hinabwerfen. Nun war ich allein in der Bedrängnis geblieben und bereute sehr, daß ich zu früh meinem Ärger nachgegeben und ihn abgeseilt hatte.

Ich kehrte wieder zum First zurück und begab mich, da ich nicht wußte, was ich tun sollte, in die Nähe einer Kuppel, an eine Stelle, die ich noch nicht besichtigt hatte. Ich sah eine mit Bleiplatten belegte flache Dachterrasse, ohne Dach, neben einer großen Luke, die mit zwei Fensterläden geschlossen war; in einem Bottich sah ich einen Haufen ungelöschten Kalk, eine Kelle und eine Leiter; die war lang genug, um mir behilflich zu sein, zu meinem Gefährten hinabzusteigen. Nur auf sie kam es mir an. Rasch holte ich das Tau, band es an der obersten Sprosse fest und zog die Leiter, nachdem ich wieder rittlings auf dem Dach saß, bis an die Luke heran. Nun ging es darum, sie hineinzubugsieren.

Die Schwierigkeiten, die ich damit hatte, sie ganz hineinzuschieben, waren so groß, daß ich mir wiederum Vorwürfe machte, mich der Hilfestellung meines Gefährten beraubt zu haben, der mir – freiwillig oder gezwungenermaßen – hätte beistehen können. Ich hatte meine Leiter so weit gezogen, daß ihr Ende an der Öffnung der Luke war; mit ihrer Mitte lag sie auf der Regenrinne, die andere Hälfte ragte nach draußen. Ich ließ mich auf das Dach der Luke gleiten, zog die Leiter zur Seite und zu mir her, wobei ich das Tau an der achten Sprosse befestigte. Danach stieß ich sie hinab und richtete sie wieder parallel zur Luke, dann zog ich das Tau zu mir heran; doch die Leiter konnte nie weiter als bis zur sechsten Sprosse eindringen: ihr Ende stieß gegen das Dach der Luke, und keine Kraft würde sie weiter hineinbringen; ich mußte sie unbedingt am anderen Ende anheben: das Anheben dieses Endes würde bewirken, daß sich das bereits drinnen befindliche nach unten neigte und die Leiter ganz eingeführt werden konnte. Ich hätte die Leiter auch quer vor die Öffnung legen, mein Tau daran festmachen und mich ohne Gefahr abseilen können; doch wäre meine Leiter an diesem Platz geblieben, so hätten die Büttel sie am Morgen gesehen, wären zu dieser Stelle hereingekommen und hätten mich vielleicht noch gefunden.

Ich mußte also die Leiter vollständig in die Luke hineinschieben; da ich niemanden hatte, mußte ich mich dazu entschließen, selber bis zur Dachrinne zu gehen und ihr Ende anzuheben. Ich entschloß mich dazu und setzte mich einer Gefahr aus, die mich ohne die außergewöhnliche Hilfe der Vorsehung das Leben gekostet hätte. Ich ließ mein Tau los, und ich konnte auch die Leiter loslassen, ohne zu befürchten, daß sie in den Kanal fiel, denn mit ihrer dritten Sprosse hatte sie sich an der Dachrinne festgehakt. Ich glitt ganz vorsichtig, mit der Pike in der Hand, neben der Leiter bis zur Dachrinne hinab; dann legte ich die Pike auf die Dachrinne und drehte mich geschickt um, so daß ich die Luke vor mir und die rechte Hand auf der Leiter hatte. Die marmorne Rinne gab meinen Fußspitzen Halt, ich stand ja nicht aufrecht, sondern lag auf dem Bauch. In dieser Stellung hatte ich die Kraft, die Leiter einen halben Fuß anzuheben; zu meiner Genugtuung drang sie daraufhin einen guten Fuß weiter in die Luke ein: dem Leser wird einleuchten, daß sich ihr Gewicht dadurch für mich sehr verringerte. Es ging darum, sie noch einmal zwei Fuß anzuheben, um sie ebensoweit hinein zu bekommen; und dann konnte ich damit rechnen, sie ganz hinein zu schieben, wenn ich wieder auf das Dach der Luke stiege und das Tau, das ich an die Leiter gebunden hatte, zu mir heran zöge. Um sie diese zwei Fuß hochzubekommen, erhob ich mich auf die Knie. Die Kraft, die ich zum Anheben der Leiter brauchte, ließ meine Fußspitzen ausrutschen, so daß mein ganzer Körper bis zur Brust hinausglitt und ich nur noch an den Armen hing.

In dieser entsetzlichen Lage bot ich alle meine Kraft auf, um mich mit den beiden Ellbogen festzuklemmen und über eine Seite bäuchlings hinaufzuwälzen. Darauf bedacht, nicht abzurutschen, schaffte ich es, mich mit dem unteren Teil der Arme bis zum Handgelenk zu sichern und mit dem ganzen Bauch auf die Dachrinne zu ziehen. Für die Leiter hatte ich nichts zu fürchten; denn nach zwei Anläufen stak sie unbeweglich mehr als drei Fuß tief in der Luke. Ich befand mich also wirklich in der Dachrinne, auf den Unterarmen und auf den Leisten, zwischen Bauch und Oberschenkeln, und sah, daß ich nur den rechten Oberschenkel heben mußte, um erst das eine, dann das andere Knie auf die Dachrinne zu bekommen, und schon wäre ich aus der größten Gefahr heraus. Die Anstrengung, die ich aufbot, um diese Absicht ins Werk zu setzen, verursachte eine nervöse Verspannung, deren Schmerz den stärksten Mann umbringen mußte; sie ereilte mich in dem Augenblick, als mein rechtes Knie schon die Dachrinne berührte; doch nicht nur diese schmerzhafte Verspannung, die man Krampf nennt, lähmte mich an allen Gliedern, sondern auch die Notwendigkeit, mich unbewegt zu halten und abzuwarten, bis der Krampf von selbst vergeht, wie ich es schon bei anderen Gelegenheiten erfahren hatte. Welch ein schrecklicher Augenblick! Zwei Minuten später versuchte ich es von neuem, und nun konnte ich, Gott sei Dank, erst das eine, dann das andere Knie in die Dachrinne stemmen. Sobald ich glaubte, wieder ruhig atmen zu können, hob ich, aufgerichtet, aber auf den Knien, die Leiter so hoch ich konnte und schob sie weiter, so daß sie fast waagerecht in der Öffnung der Luke stak.

Ich nahm meinen Stab und kletterte in der gewohnten Weise zur Luke, in die ich die Leiter nun ganz leicht hineinschieben konnte. Mein Gefährte nahm das andere Ende in Empfang, ich warf die Taue und das Paket mit meinen Sachen in den Speicher hinunter, stieg hinab, umarmte ihn, zog die Leiter herein, und Hand in Hand ertasteten wir den Raum, in dem wir waren; er mochte dreißig Schritt lang und zehn Schritt breit sein. Es war tatsächlich der Speicher, dessen Fußboden, wie Balbi mir gesagt hatte, ganz mit Bleiplatten belegt war.

An einem Ende fanden wir eine große, aus Eisenstäben gebaute Tür. Ich drehte einen Hebel an ihrer einen Seite und zog den einen Flügel zu mir her. Wir traten hindurch und machten in der Dunkelheit einen Rundgang entlang den Wänden. Als wir quer durch den Raum gehen wollten, stießen wir auf einen großen Tisch, um den herum Hocker und Sessel standen. Wir wandten uns dorthin, wo wir Fenster entdeckt hatten; ich öffnete ein Fenster und dessen Läden und blickte nach unten; das schwache Licht ließ uns nur Abgründe erkennen. Keinen Augenblick dachte ich daran, dort hinabzusteigen, denn ich wollte wissen, wohin ich ging, und hier war überhaupt nichts zu erkennen. Ich schloß die Läden, und wir verließen diesen Raum und gingen zurück zu unserem Gepäck, das unter der Luke lag.

In völliger Erschöpfung sank ich auf den Boden nieder, griff mir noch rasch ein Bündel Tau als Kopfkissen und streckte mich aus. Mir war, als wäre ich zusammengeschrumpft auf einen Körper und Geist ohne jede Kraft, und ich glaubte, nicht etwa der Macht des Schlafes, sondern einem angenehmen Tod nachzugeben. Eine wunderbare Entspannung bemächtigte sich meiner. Ich schlief fast vier Stunden, und erst die dringlichen Rufe des Mönches und die heftigen Stöße, die er mir gab, weckten mich wieder auf. Er sagte, die elfte Stunde habe geschlagen, und es sei in unserer Lage unglaublich und unverständlich, daß ich schlafe. Er hatte recht, aber mein Schlaf war nicht freiwillig gewesen: die verzweifelte Bedrängnis, die körperliche und geistige Arbeit, die Entkräftung, die auch daher rührte, daß ich seit zwei Tagen nicht geschlafen und lange nicht gegessen hatte, all das hatte mich die Hilfe des Schlafes suchen lassen. Der hatte mir meine Kraft auch schon wiedergegeben. Der Mönch sagte, er habe schon fast die Hoffnung verloren, daß ich wieder aufwache, denn alle seine Bemühungen, die aus Rufen und Stößen bestanden, seien seit zwei Stunden vergeblich gewesen. Ich lachte darüber, und ich freute mich zu sehen, daß der Raum, in dem wir waren, nicht mehr so dunkel war: die Morgendämmerung des neuen Tages drang durch zwei Luken herein.

Ich stand auf und sagte: *dieser Raum muß einen Ausgang haben; versuchen wir alles aufzubrechen; wir haben keine Zeit zu verlieren.* Dann begaben wir uns an die der Eisentür gegenüber gelegene Seite, und in einem engen Winkel glaubte ich eine Tür zu entdecken. Ich setzte die Spitze meines Stabes am Schlüsselloch an und hoffte, es sei kein Schrank. Nach drei oder vier Stößen hatte ich die Tür geöffnet. Ich sah ein kleines Zimmer, dahinter war ein Gang mit Mauernischen, die mit gehefteten Akten gefüllt waren: wir waren im Archiv. Ich sah eine Treppe, stieg rasch hinab, und wir fanden ein Örtchen für natürliche Bedürfnisse. Ich stieg noch eine Treppe hinunter, an deren Ende ich durch eine Glastür in die Kanzlei des Dogen sehen konnte. Da kehrte ich eiligst um und holte mein Bündel, das ich unter der Luke gelassen hatte. Ich lud mir alles auf und ging wieder in das kleine Zimmer; dort sah ich einen Schlüssel auf der Kommode liegen. Ich dachte, es könnte der Schlüssel zu dieser Tür sein, und wollte sehen, ob ich das Schloß unbrauchbar gemacht hatte. Ich versuchte es, konnte die Tür wieder ordentlich abschließen und legte den Schlüssel an seinen vorigen Platz. All diese Sorgfalt war nicht nötig, aber ich meinte das, und es drängt mich, alles ganz genau zu erzählen.

Ich kehrte zurück in die Kanzlei, wo ich meinen Gefährten am Fenster stehen sah; er schien zu überlegen, ob wir uns vermittels unserer Taue hinablassen konnten. Ich sah Mauernischen, die meiner Meinung nach zur Kirche gehörten; dort wären wir gefangen gewesen. Ich sah auf einem Schreibtisch ein langes Eisen mit gerundeter Spitze und Holzgriff, ein Werkzeug, mit dem die Sekretäre Pergamentbögen durchstechen, um mit einer Kordel die Bleisiegel der Kanzlei daran zu befestigen; ich steckte es ein. Dann öffnete ich den Schreibtisch und fand die Abschrift eines Briefes, der von dreitausend Zechinen sprach, die der *Serenissimo Principe* an den *Provveditore Generale zur See* schickte, damit er die notwendigen Instandsetzungen an der alten Festung von Korfu machen lassen konnte. Hätte ich diesen Betrag gefunden, ich hätte ihn ohne das Gefühl, einen Diebstahl zu begehen, an mich genommen: ich war in einer Lage, in der ich alles als von Gottes Vorsehung geschickt ansehen mußte. Die Not ist eine große Lehrmeisterin, die den Menschen über seine Rechte aufklärt.

Nachdem ich rasch alles untersucht hatte, sah ich, daß ich die Tür der Kanzlei mit Gewalt öffnen mußte. Mein Stab konnte trotz allen Bemühungen die Feder des Schlosses nicht sprengen. Ich entschied mich, in einen der Flügel dieser Tür ein Loch zu machen, und zwar an der Stelle, wo es mir am einfachsten schien, nämlich wo die wenigsten Äste zu sehen waren. Anfangs hatte ich einige Schwierigkeit, das Brett an der Stoßfuge, die sich mir anbot, anzustechen; doch nach wenigen Minuten begann es, gut zu gehen. Ich ließ den Mönch das Werkzeug mit dem Holzgriff in die Fuge stoßen, öffnete sie mit meiner Pike und brach, spaltete und zerfetzte das Holz, indem ich die Pike mit aller Gewalt nach links und rechts stieß; ich achtete nicht auf den erheblichen Lärm, den diese Art des Aufbrechens machte, und der den Mönch in Angst versetzte, denn er mußte von weitem zu hören sein. Ich kannte diese Gefahr, aber jetzt mußte ich kämpfen.

Nach einer halben Stunde war das Loch groß genug, und das war unser Glück, denn größer hätte ich es nicht machen können. Äste rechts, links, oben und unten hätten eine Säge notwendig gemacht. Der innere Rand dieses Lochs machte einem Angst, denn er war voller Splitter, die die Kleidung zerreißen und die Haut zerfetzen konnten. Das Loch befand sich in der Höhe von fünf Fuß; ich stellte einen Hocker darunter, der Mönch stieg darauf und steckte Arme und Kopf durch die Öffnung; ich, hinter ihm, stieg auf einen zweiten Hocker, faßte ihn an den Schenkeln, dann an den Waden und stieß ihn hinaus, wo es sehr dunkel war. Doch ich war unbesorgt, denn ich kannte mich hier aus.

Als mein Gefährte draußen war, warf ich meine Habseligkeiten hinterher, nur die Taue ließ ich in der Kanzlei. Ich stellte einen dritten Hocker auf die beiden, die nebeneinanderstanden, und stieg darauf. Das Loch war nun in der Höhe meiner Oberschenkel. Ich zwängte mich mit einiger Schwierigkeit bis zum Unterbauch hinein, denn es war eng; als ich aus eigener Kraft nicht mehr weiterkam und auch niemanden hatte, der mich von hinten schieben konnte, sagte ich zum Mönch, er solle mich fassen und ohne Erbarmen waagerecht herausziehen, notfalls in Stücken. Er führte meinen Befehl aus, und ich verbarg die ganzen Schmerzen, die ich spürte, als meine Haut an den Seiten und vorn auf den Oberschenkeln zerrissen wurde.

Sobald ich hindurch war, sammelte ich rasch meine Habe auf, stieg zwei Treppen hinab und öffnete ohne jede Schwierigkeit die Tür am Ende der zweiten: ihr Schloß war eines von der Art, die man in Venedig *alla tedesca* nennt und die sich von außen nur mit einem Schlüssel, von innen aber durch Ziehen an einer Feder öffnen lassen. Ich befand mich in dem Gang, von dem die große Tür der herrscherlichen Treppe abgeht, neben der das Amtszimmer des Kriegsministers liegt, den man den *Savio alla scrittura* nennt.

Die Tür des viertürigen Saales war geschlossen, ebenso wie die Tür der Treppe, die die Ausmaße eines Stadttores hatte, und die gewaltsam zu öffnen ich eine Ramme oder eine Kanone gebraucht hätte. Mit einem einzigen Blick erkannte ich, daß mein Stab in der ganzen Unternehmung seine Schuldigkeit getan hatte:

er war zu einem Gegenstand geworden, der es wert war, *ex voto* über dem Altar der Schutzengel Gottes aufgehängt zu werden. Heiter und gelassen setzte ich mich und sagte zum Mönch, meine Arbeit sei getan, der Rest sei eine Angelegenheit Gottes. *Ich weiß nicht*, sagte ich, *ob die Palastkehrer etwa heute, Allerheiligen, hierher kommen oder morgen, am Allerseelentag. Wenn jemand kommt, werde ich, sobald ich diese Tür offen sehe, fliehen, und Ihr folgt mir auf dem Fuße; wenn aber niemand kommt, rühre ich mich nicht von hier; und wenn ich Hungers sterbe, kann ich es auch nicht ändern.*

Bei dieser Rede wurde der arme Mann wütend. Er nannte mich einen Narren, Desperado, Verführer und alles mögliche. Meine Geduld war heldenhaft; ich ließ ihn reden. Da schlug die zwölfte Stunde. Von dem Augenblick meines Erwachens unter der Luke bis jetzt war also nur eine Stunde verstrichen.

Nun war es das wichtigste Geschäft, das mich eine halbe Stunde kostete, während derer der Mönch wirres Zeug redete: mich gänzlich umzukleiden. Pater Balbi sah aus wie ein Bauer, aber er war nicht in Lumpen; seine rote Flanellweste und seine violetten Lederhosen waren nicht zerrissen. Meine Erscheinung würde jeden in Angst und Schrecken versetzen, denn ich war völlig zerrissen und blutig. Ich rollte meine Seidenstrümpfe über die zwei Wunden ab; an jedem Knie hatte ich eine, und sie bluteten: die Bleiplatten und die Dachrinne hatten mich in diesen Zustand versetzt. Das Loch in der Kanzleitür hatte mir Weste, Hemd, Hosen, Hüften und Schenkel zerrissen; überall hatte ich schreckliche Abschürfungen. Ich zerriß Taschentücher und machte mir Rundumverbände, so gut es ging, indem ich sie mit Bindfaden verschnürte, wovon ich ein kleines Knäuel in der Tasche hatte. Ich zog meinen guten Anzug an, der an diesem recht kühlen Tag lächerlich aussah; ich brachte meine Haare einigermaßen in Ordnung und umgab sie mit einem Haarbeutel; ich zog lange weiße Strümpfe an und ein Spitzenhemd, denn ich hatte kein anderes; zwei weitere Hemden, Taschentücher und Strümpfe steckte ich in die Taschen, alles andere warf ich hinter die Tür. Ich sah aus wie ein Mann, der zuerst auf einem Ball und anschließend an einem Ort der Ausschweifung gewesen war, wo man ihn schlimm zugerichtet hatte. Die Verbände, die an meinen Knien zu sehen waren, verdarben die sonstige Eleganz meiner Erscheinung. In diesem Zustand sagte ich zu Pater Balbi, er solle sich meinen schönen Mantel um die Schultern legen, und da mich seine Unfreundlichkeit verdroß, öffnete ich ein Fenster und steckte den Kopf hinaus.

Mein Gesicht, das durch den Hut mit seinem Edelstein, den spanischen Spitzen und dem weißen Federbusch einigermaßen auffallend aussah, wurde von Müßiggängern bemerkt, die im Hof des Palastes waren und mich erblickten; sie dachten offenbar darüber nach, wieso jemand dort oben sein konnte, zu dieser Stunde, an einem solchen Tag. Sogleich zog ich mich zurück und bereute meine Unvorsichtigkeit, die, wie ich ein halbes Jahr später erfuhr, mein Glück war. Man sagte nämlich dem Mann, der die Schlüssel zu diesen Räumen hatte, daß da irgendjemand sei, der dort die Nacht verbracht haben müsse, und daß offensichtlich er selber ihn eingeschlossen habe, ohne es zu merken. Dies hielt er für möglich, denn er schloß immer spät ab, und es konnte jemand dort eingeschlafen sein. Dieser Mann, er hieß Andreoli – er lebt noch heute –, befand, er müsse sofort hinlaufen und sehen, wer durch seine Unaufmerksamkeit eine so schlechte Nacht verbracht hatte.

Ich hörte also, gerade in düstere Gedanken versunken, das Geräusch von Schlüsseln und von jemandem, der die Treppe herauf kam. Tiefbewegt stand ich auf, schaute durch den Spalt der großen Tür und sah einen Menschen mit schwarzen Haaren und ohne Kopfbedeckung allein ganz ruhig heraufsteigen, einen Schlüsselbund in der Hand. Ich sagte zum Mönch so ernst ich konnte, er dürfe nicht den Mund auftun, solle sich hinter mir halten und meinen Schritten folgen. Ich faßte meine Pike, versteckte sie unter meinem Anzug und stellte mich auf die Seite der Tür, von wo aus ich, sobald sie aufging, die Treppe erreichen könnte. Ich schickte meine Bitte zu Gott, daß dieser Mann keinen Widerstand leisten möge, denn sonst würde ich mich gezwungen sehen, ihn zu töten. Ganz gewiß: ich war dazu entschlossen.

Als die Tür aufging, sah ich den Mann; er war bei meinem Anblick wie versteinert. Ohne zu zögern und ohne ein Wort an ihn zu richten, ging ich die Treppe so schnell wie möglich hinab, hinter mir der Mönch. Nicht eben langsam, doch auch ohne zu laufen nahm ich die prächtige sogenannte Riesentreppe; ich achtete nicht auf die Stimme und den Rat von Pater Balbi, der mir unablässig und immer wieder sagte: *gehen wir in die Kirche, in die Kirche.* Der Durchgang zur Kirche war rechterhand, nahe am Fuß der Treppe.

Die Kirchen in Venedig genießen nicht die mindeste Unantastbarkeit, die einem Schuldigen Schutz gewähren könnte, weder einem Verbrecher noch einem Gegner im Streit; deshalb zieht sich auch niemand dorthin zurück, um es den Bütteln schwer zu machen, die Befehl haben, ihn festzunehmen. Der Mönch wußte das, doch dies Wissen war nicht stark genug, um ihn von der Versuchung abzubringen. Er sagte mir nachher, ein religiöses Gefühl habe ihn getrieben, wieder zum Altar zu laufen, und das müsse ich doch achten. *Warum*, sagte ich, *seid Ihr nicht allein hingegangen?* Er antwortete, er sei nicht so hartherzig gewesen, mich im Stich zu lassen. Ich machte ihm klar, daß das, was er in diesem Zusammenhang religiöses Gefühl nannte, die reine Feigheit war, und er hat mir diese Äußerung nie verziehen; natürlich hätte ich ihn schonen können, doch in der Tiefe meiner Seele konnte ich den unguten Kerl einfach nicht ertragen.

Die Unantastbarkeit, die ich aufzusuchen gedachte, war außerhalb der Staatsgrenzen der Allererhabensten Republik; in diesem Augenblick begann ich meine Reise dorthin; im Geiste war ich bereits dort, doch ich mußte mit meinem Körper folgen. Ich stand unmittelbar vor der *Porta della Carta*, die dem Dogenpalast etwas Majestätisches verleiht, und ohne jemanden anzuschauen (weil man auf diese Weise weniger angeschaut wird) überquerte ich die *Piazzetta*; ich näherte mich dem Kai, stieg in die erste Gondel, die ich sah, und sagte zum Gondoliere, der achtern stand: *Hol einen zweiten Ruderer.* Der zweite kam im selben Augenblick gelaufen und nahm seinen Riemen, während der andere, der Führer der Gondel, mich fragte, wohin ich wolle. Da antwortete ich lauthals, erfreut, daß fünfzig *Barcaroli* zugegen waren und neugierig zuhörten: *Ich möchte nach Fusina, und wenn du schnell machst, gebe ich dir einen Philippstaler.* Das war mehr als der Tarif. Der Philippstaler war ein spanisches Geldstück, eine halbe Zechine wert; man bekommt es heute nicht mehr zu sehen. Nachdem ich diesen Befehl gegeben hatte, warf ich mich entspannt auf das mittlere Polster, und Pater Balbi, ohne Kopfbedeckung und in meinem Mantel, setzte sich wie ein Untergebener auf das Bänkchen. Das eigenartige Gesicht des Mönchs trug dazu bei, daß ich für einen Scharlatan oder einen Astrologen gehalten wurde, denn mein Aufzug stach allen, die mich ansahen, in die Augen.

Rasch entfernte sich die Gondel vom Ufer, zog am Zoll vorbei und begann mit Macht das Wasser des *Giudecca*-Kanals zu teilen, durch den es nach Fusina ebenso wie nach Mestre geht, wo ich in Wirklichkeit hinwollte. Als ich sah, daß wir in der Mitte des Kanals waren, reckte ich den Kopf hoch und sagte zum *Barcarole* achtern: *Glaubst du, wir sind vor der vierzehnten Stunde in Mestre?* Ich hatte die dreizehnte Stunde schlagen hören, als Andreoli die große Tür öffnete. Der Barcarole antwortete mir, ich habe ihm befohlen, nach Fusina zu fahren; und ich antwortete ihm, er sei verrückt, in Fusina hätte ich nichts verloren. Der zweite *Barcarole* bestätigte, daß ich Fusina befohlen hätte, und rief Pater Balbi als Zeugen an, der mit einem mitleiderregenden Gesichtsausdruck sagte, er habe schließlich ein Gewissen und müsse den beiden recht geben. *Ich gebe mich geschlagen*, sage ich und lache dabei laut auf. *Ich habe diese Nacht nicht geschlafen, und es ist gut möglich, daß ich Fusina gesagt habe; ich will aber nach Mestre. – Wir werden nach Mestre fahren*, antwortet der Ruderer, *und selbst nach England, wenn Ihr wollt; aber wenn Ihr mich nicht gefragt hättet, ob wir vor der vierzehnten Stunde dort sein würden, wäret Ihr schön hereingefallen, denn wir hatten Kurs auf Fusina. Ja, ja, Herr, wir werden pünktlich in Mestre sein, denn wir sind mit dem Strom und mit dem Wind.*

Dann betrachtete ich hinter mir den schönen Kanal, auf dem kein einziges Schiff zu sehen war, bewunderte den schönsten Tag, den man sich wünschen konnte, die ersten Strahlen einer wunderbaren Sonne, die am Horizont aufging, die zwei jungen *Barcaroli*, die stramm ruderten, und dachte gleichzeitig an die grauenhafte Nacht, die ich hinter mir hatte, an den Ort, wo ich noch gestern gewesen war, und an all die Zufälle, die sich zu meinen Gunsten ausgewirkt hatten. Ein Hochgefühl ergriff meine Seele, erhob sie zu Gott dem Erbarmer, brachte alle Saiten meiner Dankbarkeit zum Klingen und versetzte mich mit großer Macht in Rührung, so sehr, daß mit einem Mal Tränen sich einen breiten Weg bahnten, um mein Herz zu erleichtern, das von der übermäßigen Freude schier erstickt wurde. Ich schluchzte, ich weinte wie ein Kind, das man mit Gewalt zur Schule bringt.

Mein reizender Gefährte, der bis dahin nur einmal gesprochen hatte, um den beiden *Barcaroli* recht zu geben, glaubte meine Tränen stillen zu sollen, deren schöne Ursache er nicht kannte. Die Art, wie er es anstellte, ließ mich wahrhaftig mit einem Schlag vom Weinen zum Lachen überwechseln, so daß er, der gar nichts begriff, mir einige Tage später gestand, er habe geglaubt, ich sei verrückt geworden. Dieser Mönch war dumm, und das Ungute an ihm kam von seiner Dummheit; ich hatte mich in der unangenehmen Lage gesehen, dies auszunutzen; immerhin hätte er mich, ohne es zu wollen, beinahe ins Verderben gestürzt. Daß ich den Befehl, nach Fusina zu fahren, bereits in der Absicht gegeben hatte, nach Mestre zu gelangen, hat er mir nie geglaubt; er behauptete steif und fest, der Gedanke sei mir erst auf dem großen Kanal gekommen.

Wir kamen in Mestre an. Schnurstracks ging ich in die *Campana*, die Herberge, wo es immer Fuhrleute gab. Ich ging in den Stall, sagte, ich wolle sogleich nach Treviso fahren. Der Besitzer zweier Pferde, die ich für gut hielt, sagte, er werde mich in einer leichten Kutsche in Fünfviertelstunden dorthin befördern; da versprach ich ihm fünfzehn Lire und sagte, er solle gleich anspannen. Dazu brauchte er nur zwei Minuten. Ich war der Meinung, Pater Balbi sei hinter mir, drehte mich um und wollte ihm *einsteigen* zurufen, doch ich sah ihn nicht. Ich suche ihn erst mit den Augen, dann frage ich, wo er ist; niemand weiß etwas. Ich bitte den Stalljungen, ihn zu suchen, fest entschlossen, Balbi selbst dann zu schelten, wenn er nur seiner Notdurft nachgekommen sein sollte; denn wir waren in einer Lage, wo man auch solches aufschieben muß. Man sucht ihn, man findet ihn nicht; er kommt nicht; mir war zumute wie einer armen Seele im Hades; ich erwäge, allein aufzubrechen, aber mein Herz widersetzt sich meiner Vernunft; ich bringe es nicht über mich. Ich laufe hinaus, ich frage herum, und alle Lausbuben sagen, sie hätten ihn gesehen, wüßten aber nicht, wohin er gegangen sei. Flugs bin ich allein in der Hauptstraße, laufe durch die Arkaden und habe die Eingebung, meinen Kopf durch die Tür einer Cafeteria zu stecken. Da sehe ich Balbi an der Theke sitzen, in aller Ruhe eine Schokolade trinken und mit der Kellnerin plaudern. Er sieht mich und sagt: *setzt Euch und trinkt auch eine Schokolade, zahlen müßt Ihr sowieso. – Ich will keine*, erwidere ich, die Angst im Herzen, und packe ihn so wütend am Arm, daß er noch acht Tage später einen blauen Flecken davon hatte. Er antwortet nicht; er sieht mich vor Zorn beben. Dann zahlte ich, und wir gingen zu dem Wagen, der mich vor der Tür der Herberge erwartete.

Kaum haben wir zehn Schritte getan, da sieht mich ein gewisser B. To..., ein ordentlicher Mensch, dem man aber nachsagte, er sei vom Tribunal gedungen; er kommt auf mich zu und ruft: *wie, Herr, Ihr hier! Welche Freude, Euch zu sehen. Also stimmt es, daß Ihr aus den Bleikammern entkommen seid; das freut mich sehr; erzählt doch, wie Ihr das Wunder vollbracht habt.* Ich behalte mich in der Hand und antworte lachend, das sei zu viel der Ehre; ich befände mich seit zwei Tagen auf freiem Fuße. Er sagt mir auf den Kopf zu, das sei nicht wahr, denn gestern sei er an einem Ort gewesen, wo er solch eine Neuigkeit erfahren hätte. Der Leser kann sich vorstellen, wie es in diesem Augenblick um meine Seele stand: ich war von einem Mann entdeckt, von dem ich annahm, er werde dafür bezahlt, daß er mich festnehmen ließ, und der zu diesem Behufe nur dem nächstbesten Büttel zu zwinkern brauchte, und Mestre wimmelt von Bütteln. Ich sagte, er solle ganz leise sprechen und mit mir hinter die Herberge kommen. Er kam mit, und da ich niemanden sah und wir neben einem kleinen Graben standen, hinter dem das weite flache Land begann, nahm ich meine Pike in die rechte Hand und faßte ihn mit der linken am Kragen; doch flink sprang er über den Graben und lief so schnell er konnte weg von Mestre; er schaute sich noch ein paarmal um und warf mir Kußhände zu, die wohl heißen sollten: *gute Reise, gute Reise, zieht in Ruhe ab.* Schließlich verlor ich ihn aus den Augen und dankte Gott, daß die Umsicht dieses Mannes mich daran gehindert hatte, ein Verbrechen zu begehen, denn er hatte nichts Böses im Sinn gehabt. Trotzdem war meine Lage fürchterlich: ich war im Kriegszustand mit allen Mächten der Republik, und ich war allein. Ich mußte deshalb ganz auf Vorsicht und Vorausschauen setzen.

Ich steckte meine Pike wieder in die Tasche, warf, niedergeschlagen wie jemand, der gerade einer Lebensgefahr entkommen ist, einen verachtungsvollen Blick auf den Schwachkopf, der mich in diese Lage gebracht hatte, und begab mich zu dem Wagen, den wir nun bestiegen und mit dem wir ohne irgendwelche unheimlichen Zwischenfälle nach Treviso gelangten. Mein Gefährte wirkte schuldbewußt und wagte nicht, mich aus meinem Schweigen aufzuschrecken. Ich sann auf ein Mittel, mich seiner Gesellschaft zu entledigen, die allem Anschein nach mein Verderben bedeutete.

Beim Postmeister in Treviso bestellte ich auf die siebzehnte Stunde pünktlich einen Zweispänner nach Conegliano; jetzt war es fünfzehneinhalb. Ich glaubte Hungers zu sterben und hätte nun in aller Eile eine Suppe essen können; doch eine Viertelstunde konnte mein Verhängnis werden: ich sah immerzu einen Trupp Büttel vor mir, die mich fesselten. Es kam mir so vor, als würde ich nicht nur meine Freiheit, sondern auch meine Ehre verlieren, wenn man mich faßte. Ich wandte mich zum Sankt-Thomas-Tor und ging aus der Stadt wie einer, der spazierengehen will. Nach einer Meile auf der Hauptstraße bog ich ab und betrat sie nie wieder; ich hatte vor, das Staatsgebiet zu Fuß querfeldein zu verlassen, und zwar nicht über Bassano, was der kürzeste Weg gewesen wäre, sondern über Feltre. Wer flieht, muß immer den entlegensten Ausgang wählen, denn Flüchtige werden immer auf dem Wege, der zum nächsterreichbaren führt, verfolgt und aufgegriffen.

Nach drei Stunden Fußmarsch streckte ich mich auf der nackten Erde aus, ich konnte einfach nicht mehr: ich mußte mir irgendetwas zu essen verschaffen, oder aber hier sterben. Ich sagte dem Mönch, er solle meinen Mantel hier ablegen und zu einem Bauernhof gehen, der zu sehen war, um sich Brot, Suppe, Fleisch, Wein und Wasser geben zu lassen; als Pfand für Teller und Besteck gab ich ihm einen Philippstaler. Er sagte, er hätte mich nicht für so schüchtern gehalten, und zog los, den Auftrag zu erledigen. Der Unglückliche war besser bei Kräften als ich; er hatte nicht geschlafen, aber doch am Vortag etwas gegessen und

Schokolade getrunken, und kein Vorausschauen plagte seine Seele; außerdem war er dünn. Ich sah aus, als wäre ich zehnmal so stark wie er im Kampf gegen die Müdigkeit. Aber das traf nicht zu.

Obwohl das Haus keine Herberge war, schickte uns die gute Bäuerin durch eine Magd ein reichliches Essen. Der Mönch sagte, sie habe den Philippstaler genau begutachtet und für falsch gehalten, aber er habe versichert, sein Freund werde ihn in Markusgeld auszahlen. Mein armer Gefährte wirkte wohl wie ein Dieb, die Bäuerin hatte ein richtiges Gefühl. Wir nahmen, im Grase sitzend, ein vorzügliches Mahl zu uns, das gerade dreißig Soldi kostete. Damals hatte ich noch Zähne, denen kein Fleisch zu hart war. Als ich den Schlaf spürte, der mich überfallen wollte, setzte ich den Weg fort; ich wußte ziemlich gut, wohin. Nach vier Stunden machte ich hinter einem Weiler halt und erfuhr von einer guten Bäuerin, daß ich zwanzig Meilen vor Treviso war. Ich war völlig erschöpft und hatte geschwollene Knöchel, und wir hatten nur noch eine Stunde Tageslicht vor uns. Da legte ich mich inmitten einer Baumgruppe nieder und ließ meinen Gefährten sich neben mir lagern. Im Ton zärtlichster Freundschaft sagte ich ihm, wir müßten nach Borgo di Val Sugana gehen, der ersten richtigen Stadt außerhalb der Staatsgrenzen, zum Bistum Trient gehörend, wo wir so sicher sein würden wie in London und uns ausruhen könnten, solange es nötig wäre, um wieder vollständig zu Kräften zu kommen; wir müßten aber, um zu dieser Stadt zu gelangen, besondere Vorsichtsmaßnahmen ergreifen, deren erste es sei, uns zu trennen. Er solle von der einen Seite durch den Wald von Montello, ich von der anderen über die Berge von Feltre gehen, er über den leichteren Weg und mit allem Geld, das ich hatte, ich ohne Geld und über den schwierigeren Weg. Ich sagte, ich schenke ihm meinen Mantel, gegen den er leicht einen Kapuzenmantel und einen Hut eintauschen könne, so daß er gut verkleidet sei und von jedem für einen echten Bauern gehalten würde – seine Gesichtszüge taten ein übriges dazu. Ich bat ihn also, mich jetzt gleich zu verlassen und mich in Borgo di Val Sugana zu erwarten, wo er am übernächsten Tage sein könne und binnen vierundzwanzig Stunden mit mir rechnen solle. Ich nannte ihm die erste Herberge am Platze, die er gleich am Ortseingang linkerhand finden werde. Ich sagte ihm weiter, ich brauche Ruhe, und die könne ich mir nur durch völligen Gleichmut der Seele verschaffen; sobald ich allein wäre, wenn auch ohne Geld, werde mir Gott gewiß den richtigen Gedanken eingeben, mir welches zu verschaffen, ohne mich dem größten denkbaren Unglück auszusetzen, nämlich verhaftet zu werden. Denn ohne jeden Zweifel waren zu dieser Stunde bereits sämtliche Büttel des Staates durch Eilboten von unserer Flucht unterrichtet und hatten Befehl, uns in allen Herbergen zu suchen, und unser wichtigstes Kennzeichen war, daß wir zu zweit und so gekleidet waren, wie es der Fall war, wobei er nun, ohne Hut und im Seidenmantel, der auffälligere war. Ich schilderte ihm in leuchtenden Farben die Erbärmlichkeit meines Zustandes und die unerläßliche Notwendigkeit, mich frei von jeder Angst zehn Stunden auszuruhen, so geschwächt war ich von der tiefen Müdigkeit, die mich an allen Gliedern lähmte. Ich zeigte ihm meine Knie, meine Beine und meine Füße voller Blasen, denn die dünnen Schuhe, nur zum Gehen auf dem schönen Pflaster Venedigs gemacht, waren ganz zerschlissen. Ich konnte ohne Übertreibung sagen, daß ich noch in dieser Nacht an Entkräftung zugrunde gehen mußte, wenn ich nicht ein gutes Bett bekäme, und alle Herbergsbetten schieden ja für mich aus. In dieser Stunde, da ich so sprach, hätte mich ein einziger Mann fesseln und ins Gefängnis bringen können, ich wäre zu keinem Widerstand in der Lage gewesen. Dies alles erklärte ich Balbi; ich wies ihm schlüssig nach, daß wir, wenn wir gemeinsam auf Herbergssuche gingen, unsere sofortige Verhaftung riskierten, auf den bloßen Verdacht hin, wir könnten die beiden Gesuchten sein. Mein lieber Gefährte ließ mich, ohne irgendetwas einzuwerfen, zu Ende sprechen und hörte mir mit der größten Aufmerksamkeit zu.

Seine ganze Antwort war, in wenigen Worten, er sei auf all das gefaßt gewesen, was ich ihm da gesagt hatte, und er habe seine Entscheidung in dieser Frage bereits getroffen, als er noch im Gefängnis war; er sei fest entschlossen, mich niemals zu verlassen, und wenn es ihn die Freiheit oder das Leben kosten sollte. Diese klare Antwort kam unerwartet und überraschte mich ungemein. Erst jetzt lernte ich diesen Menschen richtig kennen, und ich sah auch, daß er mich noch nicht kannte. Ich zögerte keine Minute, einen schnell gefaßten Plan auszuführen, der mir beim Ernst der Lage das einzige Mittel gegen solche Unverblümtheit schien; er hatte Züge einer Komödie, aber gleichzeitig war mir klar, daß er auch tragisch enden konnte.

Ich erhob mich, nicht ohne Mühe, knotete meine beiden Strumpfbänder zusammen, nahm an Balbi Maß, ritzte seine Maße in den Boden und begann unverzüglich, mit meiner Pike eine kleine Grube auszuheben. Dabei antwortete ich auf keine der Fragen, die er stellte. Nach einer Viertelstunde Arbeit sah ich ihn traurig an und sagte, ich fühle mich als Christ verpflichtet, ihn darauf hinzuweisen, daß er sich Gott befehlen müsse. *Ich werde Euch hier lebendig begraben*, sagte ich, *oder, wenn Ihr der Sieger seid, werdet Ihr es mit mir machen. Bei Eurer Halsstarrigkeit bleibt mir nichts anderes übrig; Ihr könnt Euch freilich noch retten, denn ich werde Euch nicht nachlaufen, um Euch einzuholen.* Als er nicht antwortete, setzte ich meine Arbeit fort; ich bekam Angst, ich könnte gezwungen sein, die Sache zu Ende zu spielen und mit diesem Kerl zu kämpfen, den ich unter allen Umständen loswerden wollte.

Schließlich, nach weiterem Überlegen oder aus Angst, warf er sich vor mir nieder; ich hielt ihm die Spitze meines Stabes vors Gesicht, aber er hatte nichts von ihr zu befürchten. Er sagte, er werde alles tun, was ich wolle. Da umarmte ich ihn, wiederholte ihm seine Lektion, erneuerte mein Versprechen, ihn wieder zu treffen, und gab ihm den Rest der zwei Zechinen, die ich vom Grafen bekommen hatte. So blieb ich allein, ohne einen Heller, und hatte noch zwei Flüsse zu überqueren; trotzdem pries ich mich glücklich, daß ich mich der Gesellschaft eines Mannes von solchem Charakter hatte entledigen können. Für dieses Mal zweifelte ich nicht mehr daran, daß ich meine Haut retten würde.

Fünfzig Schritt entfernt auf einem Hügel sah ich einen Schäfer eine Herde von zehn oder zwölf Schafen treiben; ihn sprach ich an, um einige für mich notwendige Auskünfte zu erhalten. Ich fragte ihn, wie diese Gegend hier heiße, und er erwiderte, ich sei im *Valdobbiadene*, was mich überraschte angesichts der langen Strecke, die ich schon zurückgelegt hatte. Ich fragte ihn nach den

Namen der Besitzer von fünf oder sechs Häusern im Umkreis, die ich von dieser Erhebung aus sehen konnte; sie waren mir tatsächlich alle bekannt; die Besitzer waren gewiß alle auf dem Land in dieser Jahreszeit, weil alle Venezianer irgendwo außerhalb den Martinstag feiern; mit größter Sorgfalt mußte ich jegliche Begegnung mit einem von ihnen vermeiden. Ich sah einen Palazzo der Familie Gr..., und ein alter Angehöriger dieser Familie, der genau zu dieser Zeit Staatsinquisitor war, mußte gerade dort sein. Da durfte ich mich also nicht blicken lassen. Dann fragte ich, wem das rote Haus gehöre, das in einiger Entfernung zu sehen war; mein Erstaunen war groß, als ich erfuhr, daß es das Haus des Obmannes und obersten Befehlshabers der Büttel war. Ich verabschiedete mich von dem Landmann und ging wie von fremder Hand geleitet den Hügel hinab. Es ist nicht zu verstehen, wieso ich mich ausgerechnet diesem schrecklichen Haus zuwandte, von dem ich mich doch vernünftigerweise hätte entfernen müssen; ich ging indessen geraden Weges darauf zu, und ich kann mit aller Bestimmtheit sagen, daß mich nicht ein willentlicher Entschluß dazu bewog. Wenn es zutrifft, daß jeder von uns ein unsichtbares wohltätiges zweites Ich hat, das uns zu unserem Glück führt, wie es Sokrates einige Male erlebt hat, darf dann nicht auch ich – ohne Angst zu haben, der Leser werde sich über mich lustig machen – glauben, daß ich durch meinen guten Geist zu diesem Haus geführt wurde? Ich muß es glauben, denn Natur und Verstand stießen mich davon zurück, und ich kenne keine dritte Kraft in der rein physikalischen Welt. Ich gestehe, daß ich in meinem ganzen Leben keine größere Unvorsichtigkeit begangen habe.

Ohne Zögern, geradezu unverfroren, betrete ich das Haus; im Hof sehe ich einen kleinen Jungen, der Maulwurf spielt, und frage ihn, wo sein Vater ist. Er antwortet nicht; er geht seine Mutter holen, und gleich darauf erscheint eine schöne schwangere Frau, die mich überaus liebenswürdig fragt, was ich von ihrem Mann möchte, er sei nicht da. Meine Gegenwart schien ihr Eindruck zu machen. Ich sagte, ich sei unmutig, daß *mein Freund* nicht zuhause sei, doch zugleich erfreut, seine bessere Häfte kennenzulernen. *Freund?* fragte sie. *Ihr seid also Seine Exzellenz Vetturi, der so gütig war, meinem Mann zu versprechen, er werde die*

Patenschaft für das Kind übernehmen, mit dem ich schwanger bin. Ich bin entzückt, Euch kennenzulernen, und mein Mann wird untröstlich sein, daß er nicht zu Hause war. Ich erwiderte, ich hoffe, er werde bald zurückkommen, ich müsse ihn nämlich um ein Abendessen und ein Bett bitten, denn ich wolle mich in diesem Zustand niemandem zeigen. Lebhaft sagte sie, an einem guten Bett und einem einfachen Mahl werde es mir nicht fehlen, aber daß ihr Mann so bald zurückkomme, sei nicht zu hoffen, denn er sei erst vor einer Stunde an der Spitze von zehn Berittenen aufgebrochen, um zwei Häftlinge zu suchen, die aus den Bleikammern entkommen seien; es handele sich um einen Patrizier und einen gewissen C...; wenn er sie finde, werde er sie nach Venedig bringen, finde er sie aber nicht, so werde er mindestens zwei oder drei Tage damit zubringen, nach ihnen zu suchen. Erfreut, daß ich überredet werden sollte, tat ich so, als sei mir das recht unlieb, und sträubte mich dagegen, bei ihr zu bleiben; ich fürchte sie zu stören. Doch sie wußte Mittel einzusetzen, denen man sich schon aus Höflichkeit nicht widersetzen konnte, und so gab ich nach. Um meiner Geschichte den Anschein von Wahrheit zu geben, sagte ich, möglicherweise werde ein Diener kommen und mich mit meinem Wagen abholen, doch ich bitte sie, mich nicht deshalb wecken zu lassen, falls ich schliefe. Ich setzte hinzu, der Gedanke, daß keiner meiner Freunde erraten könne, wo ich sei, mache mir großes Vergnügen. Ich merkte, daß sie auf meine Knie blickte, und wartete ihre Frage nicht ab, um ihr zu sagen, daß ich mich bei einem Sturz vom Pferd verletzt hätte. Da rief sie ihre Mutter, eine ebenfalls sehr schöne Frau, sagte ihr ins Ohr, wer ich sei, und fügte hinzu, es müsse ein Abendessen für mich bereitet werden und sie möge meine Wunden verbinden. Ich ließ mich nun ohne weiteren Widerstand in ein Zimmer geleiten, wo ich ein Bett sah, das einen guten Eindruck machte; die junge Frau sagte, sie wolle mich nicht weiter stören, und ließ mich allein.

Diese schöne Ehefrau eines Büttels hatte nichts vom Beruf ihres Mannes mitbekommen, denn es war keine lügenhaftere Geschichte denkbar als die, die ich ihr erzählt hatte. Mit weißen Strümpfen zu Pferd! Im Taftanzug auf der Jagd, ohne Tuchmantel! Gott weiß, wie ihr Mann bei seiner Rückkehr sie ausgelacht haben mag. Ihre Mutter sorgte für mich mit der ganzen Liebenswürdigkeit, die ich bei so vornehmen Leuten erwarten konnte. Sie sprach mütterlich zu mir und nannte mich ihren Sohn, um bei der Pflege meiner Verletzungen die Schicklichkeit zu wahren. Wäre meine Seele ruhig gewesen, ich hätte ihr eindeutige Zeichen der Huldigung und des Dankes gegeben; doch der Ort, an dem ich mich befand, und das gefährliche Spiel, das ich spielte, nahmen meine Aufmerksamkeit zu sehr in Anspruch.

Nachdem sie meine Knie und Hüften untersucht hatte, sagte sie, es werde nun ein wenig wehtun, dafür werde ich aber am nächsten Morgen geheilt sein. Ich müsse nur die getränkten Tücher, die sie auf meine Wunden legte, die ganze Nacht dort lassen und schlafen, ohne mich zu bewegen. Ich aß gut zu Abend, und dann ließ ich sie machen. Während sie mich behandelte, muß ich eingeschlafen sein, denn ich konnte mich nachher nicht daran erinnern, daß sie gegangen war. Alles, was ich mir am nächsten Morgen noch ins Gedächtnis zurückrufen konnte, war, daß ich mit großem Appetit gegessen und getrunken hatte und mich wie ein Kind hatte auskleiden lassen. Ich war nicht mutig und nicht ängstlich, ich sagte nichts, ich dachte nichts; ich aß, um den Nahrungsbedarf zu befriedigen, und ich schlief, indem ich einem natürlichen Bedürfnis nachgab, dem ich mich nicht widersetzen konnte: ich kannte nichts mehr, was auf irgendeine Weise vom Denken bestimmt sein konnte. Nie habe ich erfahren, mit was für einem Wasser sie mich abrieb und ob ich dabei Schmerzen ausstand.

Es war die erste Stunde der Nacht, als ich zu Ende gegessen hatte, und als ich am nächsten Morgen erwachte und die zwölfte Stunde schlagen hörte, glaubte ich, ich sei verhext, denn ich fühlte mich, als wäre ich eben erst eingeschlafen. Ich brauchte mehr als fünf Minuten, um meine Lebensgeister wieder in Gang zu bringen und mich zu versichern, daß ich nicht träumte, mit einem Wort: um vom Schlaf in einen richtigen Wachzustand zu kommen. Doch sobald ich wieder bei mir war, entledigte ich mich rasch der Tücher und stellte erstaunt fest, daß meine Wunden völlig trocken waren. In weniger als drei Minuten machte ich mich fertig, steckte mir die Haare selber in den Haarbeutel, zog ein Hemd und weiße Strümpfe an und ging durch die unverschlossene Tür aus dem Zimmer. Ich ging die Treppe hinab, überquerte den Hof und verließ das Haus ohne Rücksicht darauf, daß da zwei Männer standen, die nur Büttel sein konnten. Ich entfernte mich von diesem Ort, wo ich Höflichkeit, einen guten Empfang und Heilung erfahren hatte und wieder zu Kräften gekommen war, mit einem Gefühl des Schreckens, das mich erschauern ließ, denn ich erkannte, daß ich mich höchst unvorsichtig der offenkundigsten Gefahr ausgesetzt hatte. Ich wunderte mich, daß ich das Haus betreten hatte, und noch mehr, daß ich wieder herausgekommen war; es schien mir bei jedem Schritt, den ich tat, unmöglich, daß ich nicht verfolgt und festgenommen wurde.

Fünf Stunden ging ich durch Wald und Hügelland, ohne jemandem zu begegnen als einigen Bauern. Ich merkte, daß ich auf dem Bett mein Hemd, meine Strümpfe und ein Taschentuch vergessen hatte; das ärgerte mich, denn ich hatte nur noch ein anderes Hemd. Doch für ein großes Unglück hielt ich das nicht; mein einziger Gedanke war, daß ich möglichst bald hinter Feltre sein wollte.

Es war noch nicht Mittag, da hörte ich, als ich so vor mich hin ging, eine Glocke läuten. Ich sah von der Anhöhe, auf der ich mich befand, hinab auf die kleine Kirche, von der der Glockenton herüberkam; da ich Leute hineingehen sah, dachte ich, es werde wohl eine Messe gelesen, und plötzlich hatte ich das Bedürfnis, sie zu hören. Wenn der Mensch verzweifelt ist, erscheint ihm alles, was ihm durch den Kopf geht, als heilige Eingebung. Es war der Tag Allerseelen. Ich gehe hinab, betrete die Kirche und sehe dort zu meiner Überraschung Herrn Marc. Gr. den Neffen des Staatsinquisitors, und Frau M. Pis., seine Gemahlin; auch sie waren erstaunt. Ich bezeigte ihnen meine Ehrerbietung und hörte der Messe zu. Als ich die Kirche verließ, folgte mir der Signore; die Signora blieb. Als er näher kam, sagte er: *was macht Ihr hier, und wo ist Euer Begleiter?* Ich antwortete, wir hätten uns getrennt, er befinde sich – meinem Rat folgend – auf einem anderen Weg, ausgestattet mit den sechzehn Lire, die ich noch gehabt habe; ich selber hätte deshalb keinen Heller mehr. Ich erbat von ihm unverblümt die Hilfe, die ich nötig hätte, um das Staatsgebiet zu verlassen. Er antwortete, er selber könne mir nichts geben, doch ich könne auf mehrere Einsiedler zählen, die ich am Wege finden würde und die mich nicht verhungern lassen würden. Er sagte weiter, sein Onkel habe gestern Mittag von unserer Flucht erfahren und sei nicht böse darüber gewesen. Dann fragte er mich, wie ich es geschafft hätte, aus den Bleikammern auszubrechen. Ich erwiderte, die Einsiedler richteten womöglich schon das Essen an, und da ich kein Geld hätte, hätte ich auch keine Zeit zu verlieren, und ließ ihn mit einer Verbeugung stehen. Seine Weigerung, mir zu helfen, machte mir Spaß. Ich glaube, meiner Seele tat es wohl, größer zu sein als die dieses Elenden, der selbst in einem solchen Fall noch seinem Geiz gehorchen konnte. Später schrieb man mir nach Paris, seine Frau habe ihn übel gescholten, als sie die Sache erfuhr; ohne Zweifel ist Mitgefühl häufiger bei Frauen als bei Männern anzutreffen.

Ich setzte meinen Fußmarsch bis Sonnenuntergang fort und machte müde und hungrig bei einem Hause halt, das vertrauenerweckend aussah. Ich verlangte den Herrn zu sprechen. Die Hausmeisterin sagte, er sei auf einer Hochzeit auf der anderen Seite des Flusses und werde dort auch die Nacht verbringen, doch sie werde mir ein Abendessen bereiten, wie ihr Herr es ihr aufgetragen habe. Ich nahm ihr Angebot an und sagte, vor allem müsse ich schlafen. Sie führte mich in ein schönes Zimmer, wo ich auf einem Tisch sogleich Tinte und Papier fand und einen Dankbrief an den Herrn des Hauses schrieb, den ich nicht kannte. Der Anschrift auf einigen herumliegenden Briefen entnahm ich, daß ich mich im Haus des Herrn von Rombenchi befand, eines Konsuls ich weiß nicht mehr welches Staates. Ich versiegelte meinen Brief und übergab ihn der guten Frau, die mir ein vorzügliches Mahl auftischte und mich mit aller Aufmerksamkeit behandelte. Nach elf Stunden tiefen Schlafes brach ich auf, ließ mich über den Fluß setzen, wobei ich sagte, ich werde bei meiner Rückkehr bezahlen, und schritt fünf Stunden voran. Der Pater Guardian eines Kapuzinerklosters gab mir zu essen; ich glaube, er hätte mir auch Geld gegeben, wenn er nicht Angst gehabt hätte, mich zu beleidigen.

Ich machte mich wieder auf den Weg und fragte zwei Stunden vor Sonnenuntergang einen Bauern, wem das Haus gehöre, das ich da liegen sah; ich war beglückt, als ich den Namen eines meiner Freunde vernahm, der ziemlich reich war und den ich für einen Ehrenmann hielt. Ich nähere mich diesem Haus, trete ein, frage nach dem Herrn; man sagt mir, er sei allein und schreibe, und man zeigt mir das Zimmer im Erdgeschoß. Ich öffne die Tür, sehe ihn, laufe auf ihn zu und umarme ihn; er erhebt sich und weist mich mit einer zurückweichenden Gebärde ab. Er nennt mir Gründe, die mich beleidigen und verstimmen, und ich räche mich, indem ich sechzig Zechinen auf einen Sichtwechsel von Herrn von Br... fordere; er verweigert sie mir mit der Begründung, sein Untergang sei unvermeidlich, wenn das Gericht erfahre, daß er mir Hilfe geleistet habe. Er verlangt, daß ich sofort weggehe; er wage mir nicht einmal ein Glas Wasser anzubieten, denn das würde eine Minute Warten erfordern. Er war ein Mann von sechzig Jahren, ein Tauschmakler, der in meiner Schuld stand. Seine hartherzige Weigerung rief in mir eine ganz andere Reaktion hervor als die des Herrn Gr... Ob Zorn, ob Ärger, ob Vernunft-, ob Naturrecht: ich packte ihn am Kragen, hielt ihm meinen Stab vor die Nase und sagte, ich würde ihn töten, wenn er schriee. Da holte er zitternd einen kleinen Schlüssel aus der Tasche und wollte ihn mir geben; dabei deutete er auf eine Schublade, in der Geld war. Ich sagte, er solle sie selber öffnen; das tat er auch, wobei er sagte, ich solle mich bedienen an dem Haufen Zechinen, die ich dort fände. Da befahl ich ihm, mir eigenhändig sechs Zechinen zu geben, worauf er erwiderte, er dächte, ich hätte sechzig gefordert. *Das stimmt*, erwiderte ich, *doch da du mich nun nötigst, Gewalt zu gebrauchen, will ich nur noch sechs. Dafür bekommst du keinen Wechsel; aber ich verspreche, daß ich sie dir in Venedig auszahlen lasse; dort will ich dich durch Rundbriefe unmöglich machen, in denen ich schreibe, daß du der größte Feigling bist.* Da warf er sich auf die Knie und beschwor mich, alles zu nehmen, wenn ich glaubte, es zu benötigen. Meine Antwort war ein Fußtritt gegen seine Brust und die Drohung, ich würde ihm das Haus in Brand stecken, falls er es wage, mich, wenn ich jetzt hinausginge, in irgendeiner Weise zu behindern.

Ich ging zwei Stunden, und als ich die Nacht kommen sah, machte ich bei einem Bauernhof halt, wo ich Käse, Brot, Eier und Wein bekam und ganz darauf gerichtet war, auf dem Stroh zu schlafen. Da der Bauer nicht genug Kleingeld hatte, um mir eine Zechine zu wechseln, schickte ich ihn zur Pfarrei, daß er dort welches hole. Ich sagte ihm noch, ich würde gern einen Mantel erwerben. Als er zurückkam, schlief ich, und er weckte mich auch nicht auf; doch am Morgen zeigte er mir einen alten blauen Gehrock von grobem Tuch aus dem Besitz des Pfarrers. Ich gab ihm zwei Zechinen dafür und brach auf.

In Feltre kaufte ich mir Schuhe. Auf einem Esel ritt ich an der Grenzbaracke, der sogenannten *Scala*, vorbei. Ein Wachtposten stand da, fragte mich aber nicht einmal nach meinem Namen. Dann nahm ich einen Zweispänner und erreichte so am Abend *Borgo di Val Sugana*, wo ich in der angegebenen Herberge den Mönch fand. Wäre nicht er auf mich zugekommen, ich hätte ihn nicht erkannt. Ein grüner Gehrock und ein Schlapphut über einer weißen Baumwollmütze verkleideten ihn vollständig. Er erzählte, ein Bauer habe ihm das alles im Tausch gegen meinen Mantel und eine Zechine zusätzlich gegeben. Er sei diesen Morgen in *Borgo* eingetroffen und habe bereits gut gegessen. Er schloß seinen Bericht, indem er mir sehr höflich zu verstehen gab, er habe nicht mit mir gerechnet; er habe nicht geglaubt, daß ich die Absicht gehabt habe, Wort zu halten. Den ganzen nächsten Tag verbrachte ich in dieser Herberge schreibend im Bett. Pater Balbi schrieb unverschämte Briefe an den Prior seines Klosters und an seine Mitbrüder, und zärtliche an die Dienstmädchen, die er geschwängert hatte. Ich schrieb mehr als zwanzig Briefe, darunter zehn bis zwölf Rundbriefe, in denen ich Bericht erstattete über die sechs Zechinen, die ich erhalten und über das Mittel, das ich eingesetzt hatte, um sie zu bekommen.

Die nächste Übernachtung war in *Pergine*, wo mich der junge Graf von Alberg aufsuchte, der – ich weiß nicht wie – erfahren hatte, daß wir auf der Flucht aus dem Staate Venedig waren. Dann ging ich nach Trient und von dort nach Bozen. Da ich kein Geld mehr hatte, um die Reise fortzusetzen, stellte ich mich bei einem alten Bankier namens Menz vor und fragte ihn nach einem zuverlässigen Mann, der für mich nach Venedig gehen und Geld holen könnte. Außerdem bat ich ihn, uns bis zur Rückkehr des Mannes einem Gastwirt anzuempfehlen. Der Bankier, ein stets vergnügter Mann, tat alles für uns. Nach acht Tagen, die ich vollständig im Bett verbrachte – wir gingen kein einziges Mal aus –, kam der Mann wieder, mit einem Wechsel über hundert Zechinen, ausgestellt auf besagten Menz. Mit diesem Geld kleidete ich mich ein, doch zuvor entledigte ich mich dieser Pflicht gegenüber Pater Balbi, der dauernd sagte, ohne ihn hätte ich mich niemals retten können, und mir zu verstehen gab, er habe einen Rechtsanspruch auf die Hälfte meines Vermögens.

Ich nahm die Post, und weil wir jede Nacht schlafen wollten, brauchten wir vier Tage bis München. Mein Gefährte wurde von Tag zu Tag unerträglicher. In jeder Herberge verliebte er sich in die Zimmermädchen, und es gelang mir weder, sein unangenehmes Betragen mit Reden zu überspielen, noch, es mit Artigkeit oder Geld wettzumachen. So blieb mir nichts, als herzlich und laut über ihn zu lachen, wenn er – was wiederholt geschah – Ohrfeigen von den Tirolermädchen einstecken mußte und dabei eine Engelsgeduld bewies. Er fand mich geizig und schäbig, weil ich ihm kein Geld geben wollte, mit dem er ihre Tugend in Versuchung zu führen hoffte.

In München stieg ich im Hirschen ab; dort hörte ich gleich, daß seit einiger Zeit zwei junge Brüder aus der bekannten venezianischen Familie Cont... hier waren, in Begleitung des Grafen Pomp..., eines Veronesen. Doch da ich nicht mit ihnen bekannt war, dachte ich nicht daran, sie aufzusuchen, um so weniger, als ich es nun nicht mehr nötig hatte, irgendwelche Einsiedler zu treffen. Dagegen machte ich der Gräfin Coronini meine Aufwartung, die ich in Venedig einmal kennengelernt hatte und die hier hohes Ansehen genoß.

Diese edle siebzigjährige Dame empfing mich sehr freundlich und versprach, mit dem Kurfürsten zu reden, damit ich den sicheren Status des Asylanten erlangte. Schon am nächsten Morgen verkündete sie ihn mir für meine Person, nicht aber für meinen Gefährten, denn der Kurfürst wolle keine Schwierigkeiten mit den Somasken bekommen, die ein Kloster in München hätten;

sie hätten Rechte über Pater Balbi als flüchtiges Mitglied ihrer Kongregation geltend machen können. Die Gräfin riet mir, ihn sofort aus der Stadt zu schicken, damit er sich anderswo erhole und gleichzeitig einem üblen Streich entgehe, den ihm seine Ordensbrüder möglicherweise spielen könnten.

Sogleich wurde ich beim Beichtvater des Kurfürsten, einem Jesuiten, vorstellig, um für den Unglücksraben eine Empfehlung in irgendeiner Stadt des Reiches zu erhalten. Der Jesuit empfing mich recht ungnädig. Er sagte eher beiläufig, ich sei hier in München kein Unbekannter. Mit fester Stimme fragte ich ihn, ob er mir dies als gute oder als schlechte Nachricht kundtue. Er antwortete nicht darauf und ließ mich stehen. Jemand sagte mir, der Jesuit sei einem ganz neuen Wunder nachgegangen, das in aller Munde war. Ein Priester, der um den Weg war, erklärte mir, die jüngst verstorbene Kaiserin, die Witwe Karls VII., habe warme Füße, obwohl sie doch tot sei; ich könne mich selber davon überzeugen, wenn ich Lust hätte, denn die Leiche sei öffentlich aufgebahrt. Diese Erscheinung interessierte mich, denn ich war ständig von kalten Füßen geplagt: ich bekam Lust, mir das Wunder anzusehen. Als ich niederkniete, um die gnädige Tote mit Weihwasser zu besprengen, stellte ich fest, daß ihre Füße tatsächlich warm waren; das kam aber von einem brennenden Ofen, der ganz nah an den besagten Füßen stand.

Ein Tänzer, den ich dort traf und der mich gut kannte, grüßte mich respektvoll und lud mich zum Essen ein. Seine Frau, eine hübsche und vielseitig begabte Venezianerin, die ich seit unserer Kindheit kannte, bereitete mir den bezauberndsten Empfang. Als sie sah, daß ich wegen meines Begleiters besorgt war, den ich nicht im Stich lassen wollte, erbot sie sich, ein Empfehlungsschreiben an den Domherrn Bassi abzufassen, den Ältesten des Domkapitels von Sankt Moritz in Augsburg, mit dem sie befreundet war. Ich nahm den Brief, den sie sogleich niederschrieb, gern entgegen und ließ meinen Gefährten bei Tagesanbruch in einem guten Wagen ziehen, mit dem Versprechen, an ihn zu denken, wenn die Empfehlung nicht bewirken sollte, worauf er angewiesen sei. Vier Tage später erfuhr ich aus einem eigenhändigen Brief von ihm, daß man ihn empfangen, untergebracht, als Mönch eingekleidet und anschließend dem Magistrat sowie dem Fürstbischof vorgestellt habe. Damit nicht genug: der hochwürdige Domherr habe ihm versprochen, für ihn zu sorgen, bis er aus Rom den Dispens von seinen Klostergelübden und die volle Amnestie der Republik erhalten habe. Er schloß seinen Brief mit der Bitte um ein paar Zechinen für seine kleinen Freuden, denn – wie er sich ausdrückte – er sei zu vornehm, um den Ältesten darum zu bitten, der seinerseits nicht vornehm genug war, ihm etwas anzubieten. Ich schrieb ihm nicht zurück.

Da ich nun allein war und meine Ruhe hatte, dachte ich daran, meine Gesundheit wiederherzustellen; denn die Übermüdung und die erlittenen Schmerzen hatten mir nervöse Zuckungen eingebracht, die einmal ernst werden konnten. Ein geregeltes Leben gab mir in weniger als drei Wochen meine Gesundheit vollständig zurück. In diesen Tagen kam Madame Rivière mit ihren zwei Töchtern und einem Sohn aus Dresden nach München, auf der Durchreise nach Paris, wo sie ihre Älteste verheiraten wollte. Ich kannte den Sohn, er war ein prächtiger Junge, der heute als Geschäftsträger des Kursächsischen Hauses mit Familie in Paris lebt. Seine Mutter, eine treffliche Frau, die übrigens meine ganze Verwandtschaft kannte, war entzückt, mich kostenlos nach Paris mitnehmen zu können, den einzigartigen Zufluchtsort all derer, die darauf angewiesen sind, den Beistand des Glücks anzurufen. Diese gute Fügung ließ mich alle Gnade vorausahnen, die mir Fortuna angedeihen lassen wollte in meiner Laufbahn als Abenteurer, die ich nun antreten mußte. Diese Gnadenerweise waren überreich, aber ich habe keinen guten Gebrauch davon gemacht; durch mein Verhalten habe ich den Beweis geliefert, daß das Glück Gefallen daran findet, diejenigen zu begünstigen, die seine Wohltaten mißbrauchen. Fünfzehn Monate Bleikammern hatten mir reichlich Gelegenheit gegeben, alle Schwachheiten meines Geistes kennenzulernen, aber ich war nicht lange genug im Gefängnis, um mir Regeln aufzustellen, nach denen ihnen beizukommen war.

Madame Rivière verließ München am 18. Dezember, indem sie mir versicherte, sie werde die Reise in Straßburg für acht Tage unterbrechen. Am selben Tag traf das Geld aus Venedig ein, und am nächsten Tage brach ich auf. Sieben Stunden nach der Abreise hielt ich in Augsburg an, nicht so sehr, um Pater Balbi zu treffen, sondern vor allem um der Genugtuung willen, den alten Domherrn kennenzulernen, der sich einzig auf die Empfehlung einer Tänzerin hin meinem Gefährten gegenüber als Edelmann betragen hatte.

Ich traf Balbi im Mönchsgewand, schlecht gepudert, gut untergebracht und gut bedient. Der Älteste des Domkapitels war nicht in der Stadt. Balbi sagte, obwohl es ihm an nichts fehle, sei er zu beklagen, denn er habe keinen Soldo; es sei seltsam, daß der Älteste, der von seinem Unglück wisse, ihm nicht von Zeit zu Zeit ein paar Dukaten zustecke. Ich fragte ihn, warum er sich nicht von den adligen Venezianern, seinen Brüdern, Vettern, Onkeln oder auch Freunden Geld schicken lasse. Er erwiderte, er habe dort nur Feinde. Er hätte sagen sollen, daß sie alle ebensolche Bettler waren wie er. Ich hatte Geld bei mir, aber ich wußte der Versuchung zu widerstehen, ihm etwas zu geben: er war doch zu undankbar, niedrig, widerwärtig und habgierig.

Ende März erhielt ich in Paris einen Brief des hochwürdigen Ältesten, der mich in die größte Verlegenheit brachte. Er schrieb nämlich, Pater Balbi sei mit einem Dienstmädchen durchgebrannt und habe etwas Geld, eine goldene Taschenuhr und zwölf Sätze Silberbesteck mitgehen lassen; er wisse nicht, wo Balbi sich jetzt befinde. Gegen Ende des Jahres schrieb man mir aus Venedig, Balbi sei wieder in die Bleikammern gebracht worden. Später hörte ich folgendes: Er hatte sich zusammen mit dem Dienstmädchen von Augsburg aus nach Chur, in die Hauptstadt Graubündens, begeben, wo er von der calvinistischen Kirche aufgenommen und als legitimer Angetrauter der Dame anerkannt werden wollte, die er bei sich hatte. Doch als man merkte, daß er keine Tätigkeit beherrschte, mit der er seinen Unterhalt hätte verdienen können, wollte man ihn nicht dabehalten. Als sein Geld aufgebraucht war, verließ ihn das Dienstmädchen, dem er auch noch untreu gewesen war, wiewohl sie ihn mehrmals mit Schlägen zur Vernunft zu bringen versucht hatte. Dann entschied sich Balbi, der nicht wußte, wohin er sich wenden und womit er sein Leben bestreiten sollte, für Brescia, eine Stadt, die zur Republik Venedig gehört. Dort wurde er beim Gouverneur vorstellig, nannte seinen Namen, erzählte, daß er geflohen war, bekundete seine Reue darüber und bat ihn, er möge ihn unter seinen Schutz stellen und Amnestie für ihn erwirken. Der Schutz des Gouverneurs begann damit, daß er den zurückgekehrten Dummkopf ins Gefängnis setzen ließ; dann schrieb er ans Gericht in Venedig und fragte dort an, was er mit ihm machen solle. Gemäß den Anordnungen, die er daraufhin erhielt, ließ er den Flüchtigen gefesselt dem Gericht überstellen, das ihn erneut in die Bleikammern steckte. Den Grafen Asquini fand er dort nicht mehr vor; den hatte man drei Monate nach meinem Ausbruch in *Die Vier* gesteckt, mit Rücksicht auf sein Alter. Weitere fünf oder sechs Jahre später habe ich erfahren, daß das Gericht meinen ehemaligen Gefährten aus den Bleikammern entließ und in das ihm unterstehende Kloster verbannte, das in der Nähe von Feltre auf einem Hügel steht; doch er blieb dort nur ein halbes Jahr, dann floh er und ging nach Rom, wo er sich Papst Rezzonico vor die Füße warf; der gab ihm die Erlaubnis, Weltgeistlicher zu werden. Daraufhin kehrte er in seine Vaterstadt zurück, wo er, weil er sich nicht zu benehmen verstand, in Armut lebte. Bei meiner Rückkehr nach Venedig suchte er mich auf, ganz in Lumpen. Er erweckte mein Mitleid, und ich tat für ihn, was ich konnte, nur aus Weichherzigkeit, nicht aus Tugend. Im Jahre 1785 hat er das Zeitliche gesegnet.

In Straßburg traf ich die reizende Familie Rivière wieder, und zusammen mit ihr kam ich am Morgen des 5. Januar 1757, einem Mittwoch, in Paris an. Nie in meinem Leben habe ich eine angenehmere Reise getan. Die gute Art der Mutter, der kultivierte Geist des Sohnes und die Fröhlichkeit und Bildung der reizenden Tochter bildeten eine Gesellschaft, die mir an Annehmlichkeit nichts zu wünschen übrig ließen.

Nachdem ich den besten von allen meinen Freunden getroffen hatte, fuhr ich nach Versailles, in einem sogenannten Nachttopf, einem kleinen Wagen, den ich am Pont-Royal nahm, um Monsieur de Sers... in die Arme zu schließen, einen adligen Neapolitaner, auf dessen angestammte Freundschaft ich viel zählte. Um vier Uhr kam ich bei Hofe an. Als ich erfuhr, daß er mit dem Botschafter, dem Grafen Cant..., ausgegangen war, gedachte ich, erst etwas essen zu gehen, bevor ich nach Paris zurückkehrte.

Doch kaum bin ich mit meinem Wagen wieder am Tor, da sehe ich eine ungeheure Menschenmenge nach allen Richtungen in großer Verwirrung hin und her laufen, und höre überall schreien: *der König ist ermordet; man hat Seine Majestät getötet.* Mein Kutscher, noch heftiger erschrocken als ich, will weiterfahren, doch der Wagen wird angehalten. Man heißt mich aussteigen und führt mich auf die Wache, wo ich in weniger als drei Minuten über zwanzig Menschen sehe, die sicherlich ebenso unschuldig sind wie ich selber. Ich wußte nicht, was ich davon halten sollte, und da ich nicht an Zauberei glaubte, meinte ich zu träumen; da trat ein Offizier ein, bat uns alle überaus höflich um Entschuldigung und sagte, wir könnten unserer Wege gehen: *der König*, sagte er, *ist verletzt, aber nicht tot; der Mörder, den niemand kennt, ist festgenommen; überall wird Monsieur de la Martinière gesucht.*

Wie alle anderen stieg ich wieder in meinen Wagen, und noch mit der Überraschung durch ein so außerordentliches Ereignis beschäftigt, verweigerte ich einem durchaus angenehm wirkenden Mann einen Platz, der mich überaus artig darum bat. Man sagt, Höflichkeit könne nie etwas verderben, und man muß diese Redensart wohl zulassen; doch es gibt Augenblicke, da ist die Höflichkeit allen Ernstes außer Kurs, und es ist ein Gebot der Klugheit, unhöflich zu sein.

In den drei Stunden, die ich brauchte, um nach Paris zurückzukehren, überholten mich pausenlos Kuriere mit durchgebogenen Achsen, insgesamt mindestens dreihundert. Diese Kuriere riefen nur immer wieder lauthals die Neuigkeit, die sie zu verkünden hatten; die ersten sagten, der König sei zur Ader gelassen und dabei tödlich verletzt worden; die nächsten, der Arzt trage die Verantwortung für sein Leben; die dritten, die Verletzung sei ganz leicht; am Schluß hieß es, es sei nur ein kleiner Kratzer mit einem spitzen Messer. Am nächsten Tag erfuhr man nichts Genaueres, auch später nicht, trotz einem sehr strengen Prozeß, für den der König mehr als fünf Millionen aufwandte und dessen Akten gedruckt wurden und jedermann bekannt waren. Das hat nun aber nichts mehr mit der Geschichte meiner Flucht zu tun, die ich hier wohl abschließen muß.

Wenn mich die Lust überkommen sollte, alles aufzuschreiben, was ich in den achtzehn Jahren erlebt habe, die ich auf der Wanderschaft durch ganz Europa verbrachte, bis es den Staatsinquisitoren gefiel, mir die Erlaubnis zu gewähren, als freier Mann und unter für mich sehr ehrenvollen Bedingungen in meine Vaterstadt zurückzukehren, dann würde ich diese Erzählung an dieser Stelle beginnen lassen. Meine Leser würden eine Geschichte im gleichen Stil wie die vorliegende zu lesen bekommen, denn den Schriftsteller mit zwei Schreibstilen gibt es so wenig wie das Gesicht mit zwei Physiognomien. Meine Geschichte wird, wenn ich sie denn schreibe, in mehrfacher moralischer Hinsicht lehrreich sein. Man wird daraus lernen, daß der Mensch meistens zu Unrecht sich als Verdienst anrechnet, was er Gutes getan hat, und daß er doppelt Unrecht tut, das Schicksal schlechtzumachen, indem er ihm alle Übel anlastet, die ihm zustoßen. Meine Geschichte würde den Beweis erbringen, daß wir alle Toren sind, wenn wir die Ursachen für alles, was uns an Widrigem zustößt, außerhalb von uns suchen; wir finden sie alle – direkt oder indirekt – in uns selber. Hüten wir uns bei der Selbsterforschung, unserer Selbstliebe nachzugeben: sie trübt das göttliche Licht der Wahrheit, sie führt uns in die Irre, sie macht uns blind. Wir müssen uns selber als unsere Richter gegenüberstehen, nicht als unsere Anwälte. *Male verum*, sagt mein Meister, *examinat omnis corruptus iudex.* Wenn ich mir etwas so Großes vornehme, wie meine Geschichte zu schreiben, kann es leicht sein, daß sie erst nach meinem Tode erscheint; denn da ich entschlossen bin, die Wahrheit zu sagen, behandle ich mich nicht gut, und das wird mir keinen Spaß machen. Und wenn ich auch mir selber verzeihen sollte, so darf ich doch darum nicht beanspruchen, daß jedermann ebenso gütig zu mir ist.

Ich gestehe – mit den Worten eines allseits beliebten Fürsten – daß ich nicht alles sagen kann. Ich weiß das, aber ich will es nicht gelten lassen. Entweder alles oder gar nichts. Ich kann mich nicht dazu entschließen, mich selber zu beschimpfen; und Selbstbeschimpfung wäre es, wenn ich mich zur Hauptgestalt eines Romans machte. Der einzige Fall, wo ich nicht alles sage, wird der sein, wo mich die Wahrheit zwingen könnte, Personen auftreten zu lassen, die in der Welt für untadelig angesehen werden und es auch wirklich sein müssen. Ich werde all meine Kunst darauf verwenden, daß man sie nicht errät; auch wenn ich sie kenne, muß ich sie doch durchaus nicht jedermann bekannt machen, ja, ich habe gar nicht das Recht dazu. Solche Persönlichkeiten mögen also bitte nicht zittern, wenn sie dies lesen. Wenn sie Mut haben, wenn ihre Philosophie sie so stark gemacht hat wie mich, fordere ich sie auf, es mir gleichzutun: von ihnen selber, nicht von mir soll die Welt ihre Taten und Untaten erfahren.

Entweder wird meine Geschichte nie ans Tageslicht kommen, oder es werden wirklich Bekenntnisse. Sie wird Lesern die Röte ins Gesicht treiben, die zeit ihres Lebens nie errötet sind, denn sie wird ein Spiegel sein, in dem sie alle sich da und dort wiedererkennen. Einige werden mein Buch aus dem Fenster werfen; andere werden mich lesen, aber nicht darüber sprechen. Mag sich die Wahrheit am Grunde eines Brunnens versteckt halten – wenn sie die Lust anwandelt, sich zu zeigen, starren alle erstaunt auf sie: sie ist splitternackt, sie ist eine Frau, und sie ist schön. Ich werde meine Geschichte nicht Bekenntnisse nennen, denn seit ein ganz Besonderer diesen Titel besudelt hat, kann ich ihn nicht mehr leiden; doch sie wird ein Bekenntnis sein, wenn es das überhaupt je gegeben hat.

Ich werde nicht herauszubekommen suchen, ob meine Geschichte mir die Wertschätzung derer einträgt, die mich zu kennen glauben und mich nicht leiden können; denn ich will mir nicht die Mühe machen, für sie zu schreiben. Doch ich bin sicher, daß mir meine Geschichte keines Menschen Verachtung eintragen wird; denn wer denkt, kann nicht verächtlich sein, ohne zu wissen, daß er es ist. Und ich weiß, daß ich zeit meines Lebens mich selber nicht hätte ertragen können, wenn ich mich für verächtlich erkannt hätte. Wenn man nach meinem Tode den Spruch vom *extinctus amabitur idem* auf mich wird anwenden können, so werde ich nicht mehr verlangen: *Nil ultra deos lacesso*. Ich werde mich in bester Gesellschaft befinden.

Noch zwei Worte an meinen Leser, und dann werde ich am Ende sein. Lorenzo, der dumme Wärter in den Bleikammern, der dazu geboren war, meine Flucht durch seine große Dummheit zu begünstigen – so wie ich dazu geboren war, die Ursache für seinen Tod zu werden, woran ich nichts ändern kann –, starb einige Monate nach meiner Flucht in den Gefängnissen des Gerichts, ich weiß nicht, welchen Tod. Der Mann namens Andreoli, der mir die große Tür am oberen Ende der Riesentreppe geöffnet hat, sagte später, ich hätte ihn, mit einer Waffe in der Hand, zu Boden geworfen; das ist nicht wahr.

Am 12. September 1774 übergab mir Herr von Monti, Konsul der Republik Venedig in Triest, ein Schreiben der Staatsinquisitoren, worin sie mir befahlen, mich innerhalb eines Monats bei ihrem Sekretär, dem *Circospetto* Marc-Antonio Businello, vorzustellen und aus seinem Munde ihren Erlaß zu vernehmen. Ich hörte nicht auf diejenigen, die mir den Rat gaben, der Sache zu mißtrauen. Ich wußte ganz sicher, daß ein Verrat ausgeschlossen war. Die Größe und Bedeutung des Gerichts kann gewiß einen Verrat zulassen, wenn kleine Beamte sich seiner bedienen, um einen Schuldigen in ihre Gewalt zu bringen; doch ist das Gericht nie so tief gesunken, daß es höchstselbst von Treu und Glauben abwich und einen Verrat beging. Das Schreiben, das ich in Triest bekam, war ein regelrechter Geleitbrief mit der Unterschrift des ehrwürdigen und hochedlen Francesco Grimani; er war zu dieser Zeit Staatsinquisitor, er war ein Neffe desjenigen, der zur Zeit meiner Flucht Vorsitzender gewesen war, und ein Onkel des anderen, den ich in der Messe getroffen und der mich zu den Einsiedlern zum Essen geschickt hatte.

Anstatt einen Monat zu warten, begab ich mich binnen vierundzwanzig Stunden nach Venedig und meldete mich beim Sekretär Businello, dem Bruder dessen, der dieses Amt achtzehn Jahre zuvor innegehabt hatte. Als ich ihm meinen Namen sagte, fiel er mir um den Hals und sagte, ich solle neben ihm Platz nehmen, ich sei frei; meine Begnadigung sei der Dank für meine *Confutazione della Storia del governo veneto, d'Amelot de la Houssaie*, die ich vier Jahre zuvor in drei Oktavbänden veröffentlicht hatte. Er sagte, ich hätte schlecht daran getan, zu fliehen; wenn ich noch ein wenig Geduld gehabt hätte, so hätte man mich ohnehin freigesetzt. Ich antwortete, ich hätte geglaubt, ich sei zu lebenslänglicher Haft verurteilt gewesen. Er versetzte, das hätte ich wohl nicht denken können, denn: *geringes Vergehen, geringe Strafe*. Da unterbrach ich ihn und fragte einigermaßen empört, ob er mir wohl freundlichst meine Verfehlung mitteilen könne, denn ich hätte sie nie erraten. Der kluge *Circospetto* antwortete nur mit einem tiefen Blick in meine Augen, wobei er den rechten Zeigefinger auf die Lippen legte, wie wir es von der Statue des Ägypters Harpocrates oder der des heiligen Bruno, des Gründers der Kartäuserklöster, kennen. Ich fragte nicht weiter. Ich bezeugte dem Herrn Sekretär meine Empfindungen der Dankbarkeit, von denen ich wirklich durchdrungen war, und versicherte ihm, das Gericht werde keine Gelegenheit haben, die vollständige Begnadigung zu bereuen, deren es mich für würdig erachtet hatte.

Nach diesem Gang kleidete ich mich ein und begann das Vergnügen zu genießen, mich in der ganzen Stadt zu zeigen, wo ich sofort die große Neuigkeit wurde. Meinen Wohltätern, den drei Staatsinquisitoren, stattete ich Besuche zuhause ab, einem nach dem anderen; sie empfingen mich liebenswürdig und luden mich nun ihrerseits zum Essen ein; denn sie wollten die schöne Geschichte meiner Flucht aus meinem Munde hören, und ich erzählte sie ihnen, ohne irgendetwas zu verschleiern, mit allen Einzelheiten, die ich auch bei der Niederschrift dem Leser nicht vorenthalten habe. Besonders bei drei Patriziern, die sich für mich interessierten, machte ich lange Besuche; sie taten viel dafür, mein Wohlwollen zu erlangen, und es glückte ihnen; ich wiederum verstand es, sie an mich zu binden. Der erste war Herr von Dand., mein beständigster Beschützer, der so zuverlässig war, daß er mich bis zu seinem Tode nicht im Stich ließ. Er war es, der die Gunst des Herrn F... von Gr... für mich gewonnen hatte. Der zweite, den ich mit überfließendem Herzen wiedersah, war Herr P. von Zag., der zwei Jahre nicht geruht und gerastet hatte, um die Schwierigkeiten auszuräumen, die meiner Rückkehr in die Vaterstadt im Weg standen. Der dritte, bei dem ich vorsprach, war der Herr Prokurator L... von Mor..., eine höchst einflußreiche Persönlichkeit in Venedig, der den Herrn von Sagr. dazu bewogen hatte, unmittelbar nach einem Gespräch meine Begnadigung zu unterzeichnen. War es Vaterlandsliebe, war es Selbstliebe – ich weiß jedenfalls, daß ich dieser Rückkehr die schönsten Augenblicke meines Lebens verdanke: man hatte mich zu keinerlei Bußübung verpflichtet, und alle wußten das. Allein dies, diese umfassende Begnadigung, war angesichts der Strenge des Gerichts der eigentliche Freispruch. Mehr konnte der hochmögende Rat gar nicht tun, um mich für unschuldig zu erklären und zugleich ganz Europa davon zu überzeugen, daß ich seine Nachsicht verdiente.

Alle Welt rechnete damit, mich bald in ein Amt gesetzt zu sehen, das meinen Fähigkeiten entsprach und mir ein Auskommen sicherte; aber sie täuschten sich alle – außer mir. Durch die Gunst des Gerichts, dessen Einfluß keine Grenzen kennt, hätte ich irgendeine Pfründe bekommen können; doch das hätte nach Entschädigung ausgesehen und wäre vielleicht zu weit gegangen. Man hielt mich für fähig, aus eigener Kraft zu bestehen, und diese Auffassung gefiel mir nicht schlecht. Doch alle Mühsal, die ich in den folgenden neun Jahren auf mich nahm, war umsonst. Entweder bin ich nicht für Venedig gemacht, oder Venedig ist nicht für mich gemacht, oder beides. In meinem Zwiespalt kam mir eine unangenehme Angelegenheit zu Hilfe und gab den Ausschlag. Ich entschied mich, meine Vaterstadt zu verlassen, wie man ein Haus verläßt, das einem gefällt, wo man aber einen schlechten Nachbarn erdulden muß, der einen stört, den man jedoch nicht umquartieren kann. Nun bin ich in Dux, wo es – will man mit den Nachbarn gut auskommen – ausreicht, daß man nicht mit ihnen streitet. Und nichts ist leichter als das.

Ende

«Man weiß nicht, woher er kommt, es heißt, er sei ein Bastard. Er ist gut gebaut, hat eine dunkle Hautfarbe, beträgt sich gestelzt und ist von schier unglaublichem Selbstbewußtsein. Eines der Gestirne, die in der Gesellschaft leuchten, ohne daß man wüßte, woher sie ihren Glanz haben und wovon sie leben, noch dazu, ohne zu arbeiten, ohne Amt, ohne Vermögen. (...) Er ist stets gepflegt wie ein Narziß, er plustert sich auf: ein Ballon ist nicht praller, Windmühlenflügel rotieren nicht eifriger. Unentwegt schleicht er sich irgendwo ein, macht den Frauen den Hof, nimmt günstige Gelegenheiten wahr, verschafft sich Geld und bedient sich seiner Erfolge in der Liebe, um vorwärts zu kommen. Bei den Geizhälsen spielt er den Alchimisten, bei den schönen Frauen den Schöngeist, bei den großen Männern den Politiker – alles mit jedem. Aber wenn man vernünftigen Stimmen trauen darf: es gelingt ihm nichts, er macht sich nur lächerlich. Leicht wie die Luft, mit der sein Kopf gefüllt ist, kann er im Nu ein verschworener Freund oder ein unversöhnlicher Feind sein.» So vernichtend schilderte der von Casanova im Theater ausgepfiffene Pietro Chiari in seinem Roman ‹La Commediante in fortuna›, der 1755 erschien, den um vierzehn Jahre jüngeren Landsmann (vgl. S. 64).

Im Jahr davor war der am 2. April 1725 als Sohn eines Schauspielerpaares geborene Girolamo-Giacomo Casanova neunundzwanzigjährig in seine Heimatstadt Venedig zurückgekehrt. Magie, Freimaurerei, Gotteslästerung und Unzucht waren bei seiner Verhaftung am 27. Juli 1755 die Anklagepunkte, die er allerdings nicht mitgeteilt bekam, ebensowenig wie das Urteil, das am 12. September 1755 erging und auf fünf Jahre Haft lautete.

Nach der Flucht am 1. November 1756 folgen anderthalb Jahrzehnte Irrfahrten durch fast ganz Europa: zunächst ein paar Jahre Paris, wo er sich um 1759 den selbstgewählten Adelsnamen ‹de Seingalt› zulegt, dann Holland, Deutschland, die Schweiz, England, Ostpreußen, das Baltikum und Rußland, Warschau, Breslau, Dresden, Leipzig, Wien, Spanien, die Provence, Turin, Florenz, schließlich Triest. Sein unstetes Leben verhilft Casanova zu Begegnungen mit berühmten Persönlichkeiten; so trifft er in Ferney bei Genf Voltaire, in Sanssouci Friedrich II., in Petersburg Katharina die Große.

Von Triest aus bemüht sich Casanova in den Jahren ab 1772 um seine Rehabilitation in Venedig. Nach der Begnadigung am 14. September 1774 kehrt er, fast fünfzig Jahre alt, in seine Heimatstadt zurück, und wird Confidente, Geheimagent der Staatsinquisitoren.

1782 veröffentlicht Casanova nach einem Streit mit Gian Carlo Grimani anonym einen Schlüsselroman, wonach Grimanis Vater Michele auch Casanovas leiblicher Vater sei. Daraufhin muß er Anfang 1783 Venedig verlassen – diesmal endgültig. Wien, Udine, Aachen, Mainz, Paris, Frankfurt sind seine Stationen, bevor er Ende des Jahres in Wien in die Dienste des venezianischen Botschafters tritt und die Bekanntschaft mit dem Grafen Waldstein (einem Nachfahren Wallensteins) macht; der verschafft ihm, als er nach dem Tod des Botschafters ohne Stellung ist, einen Bibliothekarsposten auf seinem Schloß Dux in Böhmen.

Von 1785 bis zu seinem Tod am 4. Juni 1798 lebt Casanova in Dux. Dort schreibt er 1787, im Jahr der Uraufführung von Mozarts ‹Don Giovanni›, die er wohl in Prag miterlebt hat, die ‹Histoire de ma fuite des prisons de la République de Venise qu'on appelle les Plombs›. Sie erscheint 1788 in Prag, in französischer Sprache, anonym und mit dem fingierten Verlagsort Leipzig, doch mit dem Hinweis «écrite à Dux en Bohème l'année 1787». 1791–1797 schreibt Casanova, wiederum auf Französisch, seine ‹Memoiren›, die erst drei Jahrzehnte später veröffentlicht werden und die im neunzehnten Jahrhundert weiteste Verbreitung erfahren haben – nicht zuletzt wegen des gerade in prüden Zeiten blühenden Interesses an ‹erotischer Literatur›. Sie ließen den Namen ihres Autors fast zum Synonym für Don Juan werden, eine Einordnung, die von den Casanova-Kennern heftig bekämpft wird. Unstrittig ist, daß die viertausend Seiten der ‹Memoiren› ein kultur- und sozialgeschichtliches Zeugnis ersten Ranges sind.

Die Vielzahl von Unwahrscheinlichkeiten in der Geschichte der Flucht hat es mit sich gebracht, daß immer wieder an ihrer

Authentizität gezweifelt wurde. So äußerte im späten 19. Jahrhundert ein venezianischer Geistlicher die These, Casanova sei von Bragadin freigekauft worden, und die ganze Fluchtgeschichte sei nur eine Erfindung zu dessen Salvierung. Die minutiöse Nachspielung aller von Casanova beschriebenen Details zeigte immerhin, daß seine Schilderungen erstaunlich präzise sind. Es wurden allerdings auch Stimmen laut, Casanova habe mit Hilfe nachträglicher Recherchen einer Lügengeschichte den Anschein von Wahrheit geben wollen. Dagegen wiederum wurden die kleinen Unschärfen in seiner Darstellung aufgeführt – und solche werden bekanntlich bei Zeugenaussagen eher als Indiz für Glaubwürdigkeit gewertet.

Die dramaturgische Raffinesse, mit der Casanova seine Geschichte erzählt – die Zäsur genau in der Mitte, die komödiantische Szene mit den Nudeln, die genießerisch aneinandergereihten retardierenden Momente im letzten Teil – die offensichtliche literarische Meisterschaft jedenfalls ist kein Einwand gegen die Authentizität des Berichtes.

Was die Wahrhaftigkeit seiner Reflexionen angeht, so ist eine im Nachlaß erhaltene späte Notiz von Interesse, die auf eine teilweise Einsicht Casanovas in seine Verhaftung schließen läßt: «Ich hatte zwar noch kein Verbrechen begangen; aber man mußte auf eines gefaßt sein. Sie ließen mich vorsorglich einsperren, um mir Gutes zu tun wie liebende Väter dann und wann ihren Kindern.» Mag sein, daß diese Zeilen nicht ganz frei von Koketterie sind, sie deuten aber darauf hin, daß Casanovas selbstkritische Äußerungen in der vorliegenden Erzählung (die ja entstehungsgeschichtlich ein Vorreiter der ‹Memoiren› ist) mehr als nur eine raffinierte Captatio benevolentiae sind. Er wollte Bekenntnisse ablegen – wäre Jean-Jacques Rousseau ihm nicht zuvorgekommen, so hätte er seine Memoiren am liebsten so betitelt –, Bekenntnisse eines Mannes, der das Leben eines Lebemannes geführt und dabei aufgeklärt über sich selber nachgedacht hat.

K. W.

Anmerkungen

Der Text ist übersetzt nach dem Erstdruck von 1788, und zwar nach dem in der Biblioteca Marciana in Venedig befindlichen Exemplar; in Deutschland ist diese Ausgabe nicht greifbar. Von der Vorlage abweichend wurde an einigen Stellen zusätzlich ein neuer Absatz begonnen, weil der Erstdruck erzählerisch unschlüssig damit verfährt. Auf Anführungszeichen bei direkter Rede, die im Erstdruck inkonsequent stehen, wurde ganz verzichtet. Der Kursivsatz und die Groß- und Kleinschreibung der Zitate und Reden wurden beibehalten, ebenso die (formal nicht ganz einheitlichen) Abkürzungen von Namen.

Die vorzügliche kritische Ausgabe von Charles Samaran (Paris 1922) bietet eine Fülle von Hinweisen, aus denen auch die folgenden Anmerkungen schöpfen.

Seite 4 *Vir fugiens denuo pugnabit.:* Wer flieht, kämpft weiter. Nicht von Horaz, sondern nach Johann Jacob Dentzler ‹Clavis Linguae Latinae› (1706) ein Sprichwort, dort übersetzt mit: Man muß sich nicht grad abweisen lassen.

Seite 6 *nel mezzo del cammin di nostra vita:* in der Mitte unseres Lebens. 1. Vers von Dantes ‹Göttlicher Komödie›. – *nisi amicis idque coactus:* nur Freunden, und auch dies nur, wenn sie mich drängten. Horaz ‹Satiren› I, 4, 73.

Seite 7 *Debilem facito manu ...:* Mach mir die Hände lahm, die Füße, die Lenden, hau mir die Wackelzähne aus; solange mir nur das Leben bleibt, soll es recht sein. Durch Seneca ‹Briefe› CI, 11 überlieferte Worte des Maecenas. – *nisi cum pituita molesta est:* wenn einen nicht gerade der Schnupfen plagt. Horaz ‹Briefe› I, 1, 108. – *singula de nobis anni praedantur euntes:* Stück um Stück entreißen uns die vergehenden Jahre. Horaz Briefe II, 2, 55.

Seite 11 *Br...:* Casanova genoß den Schutz und die materielle Unterstützung von Matteo Giovanni Bragadin (1689–1767) wohl vor allem deshalb, weil dieser an die Magie glaubte, mit der sich Casanova beschäftigte.

Seite 15 *amare et sapere vix Deo conceditur:* Liebe und Weisheit zugleich stehen allenfalls Gott zu. Publilius Syrus, 22. – *sequere Deum:* Gehorche der Gottheit! U. a. bei Seneca ‹Vom glücklichen Leben› XV. – *fata viam inveniunt:* Das Schicksal findet seinen Weg. Vergil ‹Aeneis› III, 395 und X, 113.

Seite 17 *ne Hercules quidem contra duos:* Mit zweien kann es auch Herkules nicht aufnehmen. Platon ‹Phaidon› 38.

Seite 18 *Terza:* Für das Verständnis der Zeitangaben ist wichtig zu wissen, daß die Stunden des Tages ab Sonnenuntergang gezählt wurden. Ist also von der vierundzwanzigsten Stunde die Rede, so geht die Sonne gerade unter. Mittag kann demzufolge im Sommer zur vierzehnten Stunde sein (wenn man den Sonnenuntergang um 22 Uhr annimmt), im Winter zur neunzehnten Stunde (Sonnenuntergang um 17 Uhr angenommen). Die Campana di Terza, eine der Glokken des Campanile auf dem Markusplatz, schlug zu den vormittäglichen Sitzungen des Rates der Zehn, im Juli zur zwölften, im Winter wohl zur siebzehnten Stunde. – *è quello: mettetelo in deposito:* Das ist er, bringt ihn in Gewahrsam. – *il circospetto:* der Umsichtige, Ehrentitel für die Sekretäre des Senats und des Rates der Zehn.

Seite 31 *il miser suole dar facile credenza a quel che vuole:* Der Unglückliche glaubt gern an das, was er ersehnt. Lodovico Ariosto ‹Der rasende Roland› I, 56.

Seite 32 *quod nimis miseri volunt hoc facile credunt:* Was sich die Armen so sehr wünschen, daran glauben sie leicht. Seneca ‹Hercules furens› Vers 313–314.

Seite 33 *Deliberata morte ferocior:* Kühner durch die Bereitschaft, zu sterben. Horaz ‹Oden› I, 37, 29.

Seite 34 *un'altra, un'altra gran Dio, ma più forte:* Noch einen, großer Gott, aber noch stärker. (Zitat?) – *Bussola-Saal:* Trommel-Saal, Vorzimmer des Rates der Zehn und der Staatsinquisitoren.

Seite 37 *Grafen ...:* Giorgio Marchesini.

Seite 41 *D...:* Diedo.

Seite 43 *la Saggezza von Charron:* Pierre Charron (1541–1603) ‹Sagesse› Paris 1601.

Seite 44 *Ser...*: Seriman. – *Giust...*: Giustiniani.

Seite 45 *Mont...*: Montalegre. – *Guardati da colui che non ha letto che un libro solo:* Hüte dich vor dem, der nur ein einziges Buch gelesen hat.

Seite 48 *quam siculi non invenere tyranni:* wie Siziliens Tyrannen sie nicht schlimmer ersonnen haben. Horaz ‹Briefe› I, 2, 58.

Seite 55 *Dom. Mich...*: Domenico Michiel. – *Ant...*: Antonio Michiel, Vater des Vorigen.

Seite 61 *accetta:* ital. Axt. – *aceto:* ital. Essig.

Seite 63 *F.:* Tommaso Fenaroli.

Seite 64 *L. M.:* Lucia Pisani, verheiratet mit Pietro Memmo. – *A. Moc.:* Antonio Mocenigo, Onkel Bragadins. – *Ant. C.:* Antonio Condulmer, Rivale Casanovas bei Madame Zorzi, Anhänger Chiaris. – *Marcant. Z.:* Marco-Antonio Zorzi, Gegner Chiaris.

Seite 65 *Aless...*: Margarita Alessandri, bekannte Sängerin. – *P. Mart.:* Martinengo. – *Ros...*: Rosenberg. – *R...*: Arpalice Manin, verheiratet mit dem Botschafter in Wien, Giovanni Ruzzini.

Seite 66 *P. B.:* Pietro Businello.

Seite 78 *calamitosus est animus futuri anxius:* Vollkommen verloren ist einer, wenn er wegen der Zukunft ängstlich ist. Seneca ‹Epistulae› XCVIII, 6. – *latet quaere:* Hier ist etwas versteckt; suche!

Seite 81 *Pr... G. C.:* Alvise Priuli genannt Grancan. – *D...*: Diedo.

Seite 83 *Sieben Gemeinden:* ‹Sette Communi›, die deutschsprachigen Gemeinden in den Bergen zwischen Vicenza und Trient.

Seite 84 *Pind...*: Pindemonte.

Seite 93 *P. P.:* Pietro Paolo. – *Johannesbruder:* Kommunionsbruder, im Italienischen noch heute ‹sangiovanni›; vor allem in Süditalien als Familienangehöriger betrachtet.

Seite 97 *Gr...*: Grimani:

Seite 100 *Tra il fin d'Ottobre e il capo di Novembre:* Zwischen Ende Oktober und Anfang November. Lodovico Ariosto ‹Der rasende Roland› IX, 7.

Seite 106 *Non merta fè chi non la serba altrui:* Kein Vertrauen verdient, wer nicht dem anderen traut. Nicht von Tasso, sondern aus Pietro Metastasio ‹Die verlassene Dido› I, 7.

Seite 110 *nolenti baculus:* Den Stock für den, der nicht will; wer nicht hören will, muß fühlen.

Seite 111 *Quisque sibi est Deus:* Jeder ist sich selber der Gott. Ovid ‹Metamorphosen› VIII, 72.

Seite 112 *Arsenalotti:* Wachen des Arsenals, zugleich Wachen am Palazzo Ducale.

Seite 114 *Non moriar sed vivam...*: Ich werde nicht sterben, sondern leben und des Herrn Werke verkündigen. Psalm 118, 17.

Seite 115 *Castigans castigavit me Dominus:* Der Herr züchtigt mich schwer; aber er gibt mich dem Tode nicht preis. Psalm 118, 18.

Seite 125 *alla tedesca:* nach deutscher Art. – *Savio alla scrittura:* Schriftgelehrter.

Seite 131 *B. To...*: Balbi Tomasi.

Seite 136 *Gr.:* Grimani. – *Vetturi:* Möglicherweise Schreib- oder Satzfehler für den richtigen Namen des Messer Grande Matteo Varutti.

Seite 139 *Marc. Gr.:* Marco-Antonio Grimani. – *M. Pis.:* Maria Pisani.

Seite 143 *Cont...*: Contarini. – *Pomp...*: Pompei.

Seite 147 *Rezzonico:* Carlo Rezzonico, Papst Clemens XIII., stammte aus Venedig. – *Sers.:* Sersalles. – *Cant...*: Cantillana.

Seite 149 *Male verum examinat omnis corruptus iudex:* schlecht ermittelt ein bestochener Richter die Wahrheit. Horaz ‹Satiren› II, 2, 8–9.

Seite 150 *ein ganz Besonderer:* wohl Rousseau, vgl. Vorwort. – *extinctus amabitur idem:* wenn er tot ist, wird man ihn lieben. Horaz ‹Briefe› II, 1, 14. – *Nil ultra deos lacesso:* Mehr verlange ich nicht von den Göttern. Horaz ‹Oden› II, 18, 11–12.

Seite 151 *Confutazione:* Casanovas ‹Widerlegung der Geschichte Venedigs von Amelot und Houssaie›, 1769 in 3 Bänden erschienen.

Seite 152 *Dand.:* Dandolo. – *Gr...*: Francesco Grimani, zu dieser Zeit Staatsinquisitor. – *Zag.:* Pietro-Antonio Zaguri. – *Mor...*: L. Morosini. – *Sagr.:* Francesco Sagredo, Staatsinquisitor.